Disney · PIXAR
인사이드 아웃 2
사운드 필름 아트북

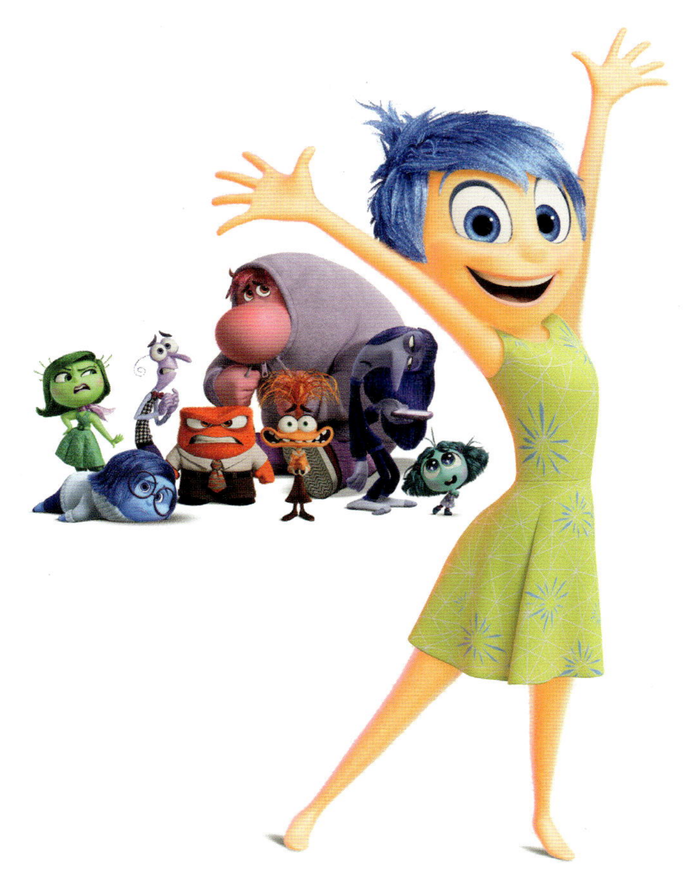

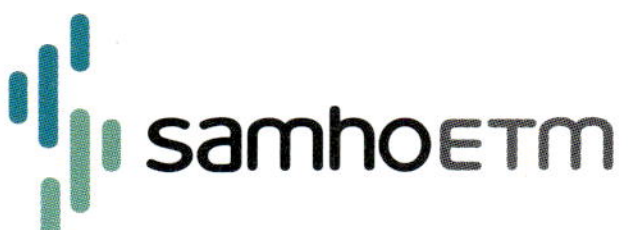

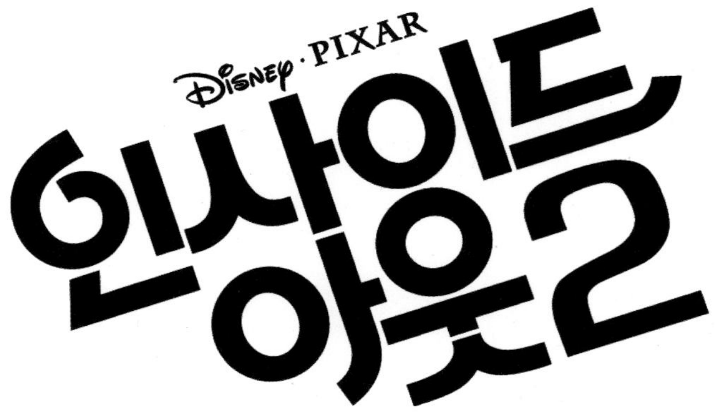
Disney · PIXAR
인사이드 아웃2

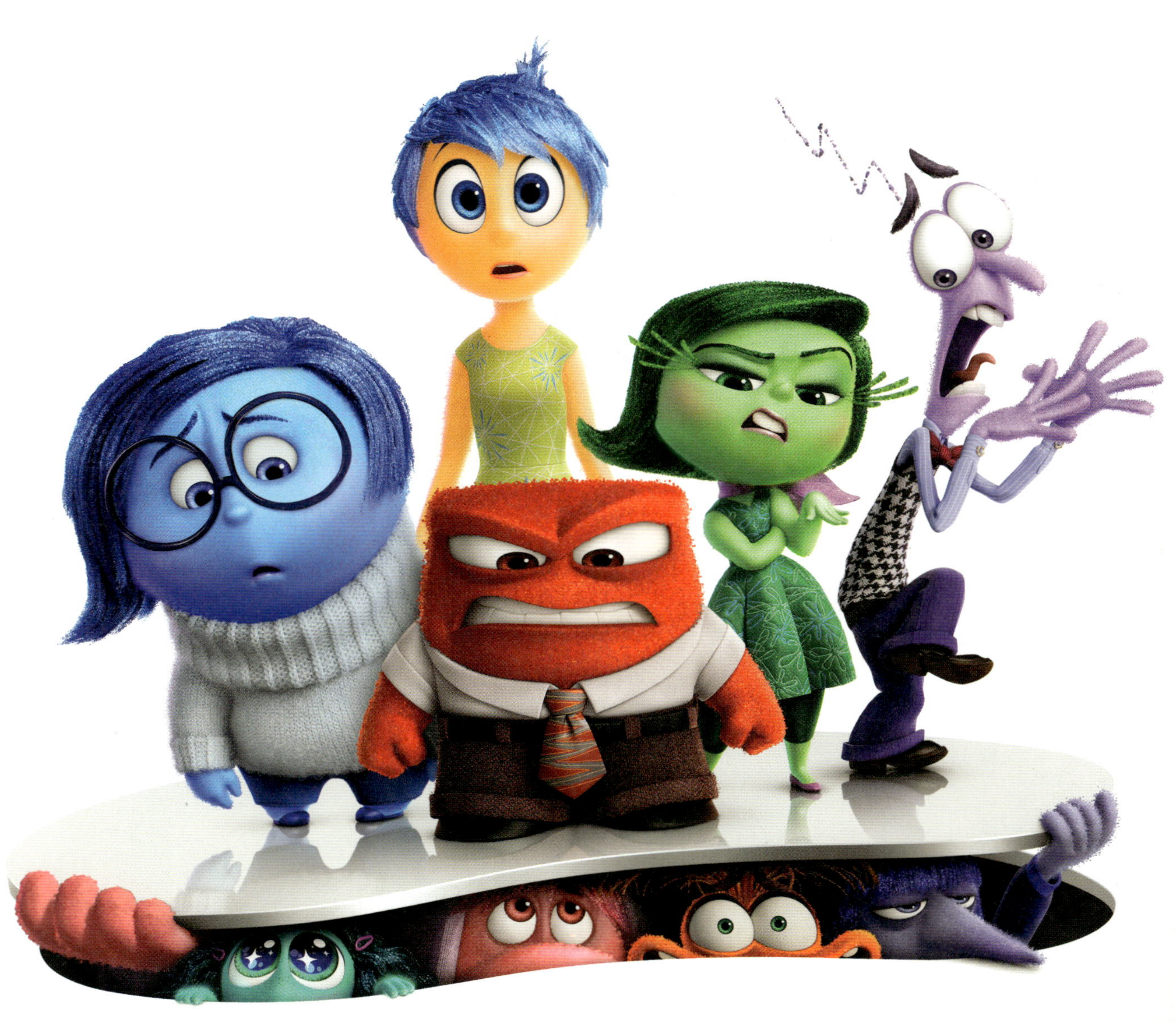

어른이 된다는 건 이런 건가봐.
기쁨이 줄어드는 거.

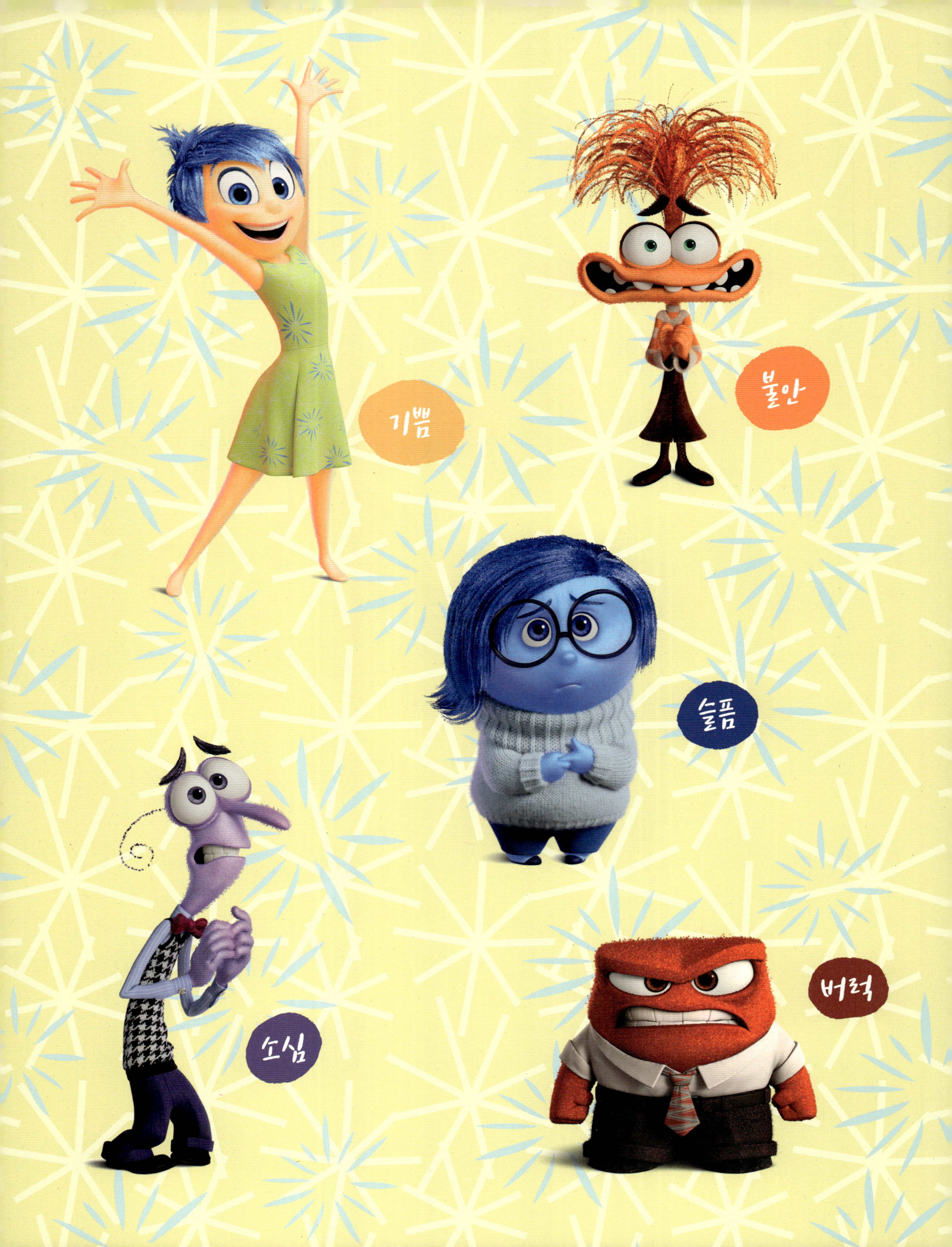

기쁨
불안
슬픔
소심
버럭

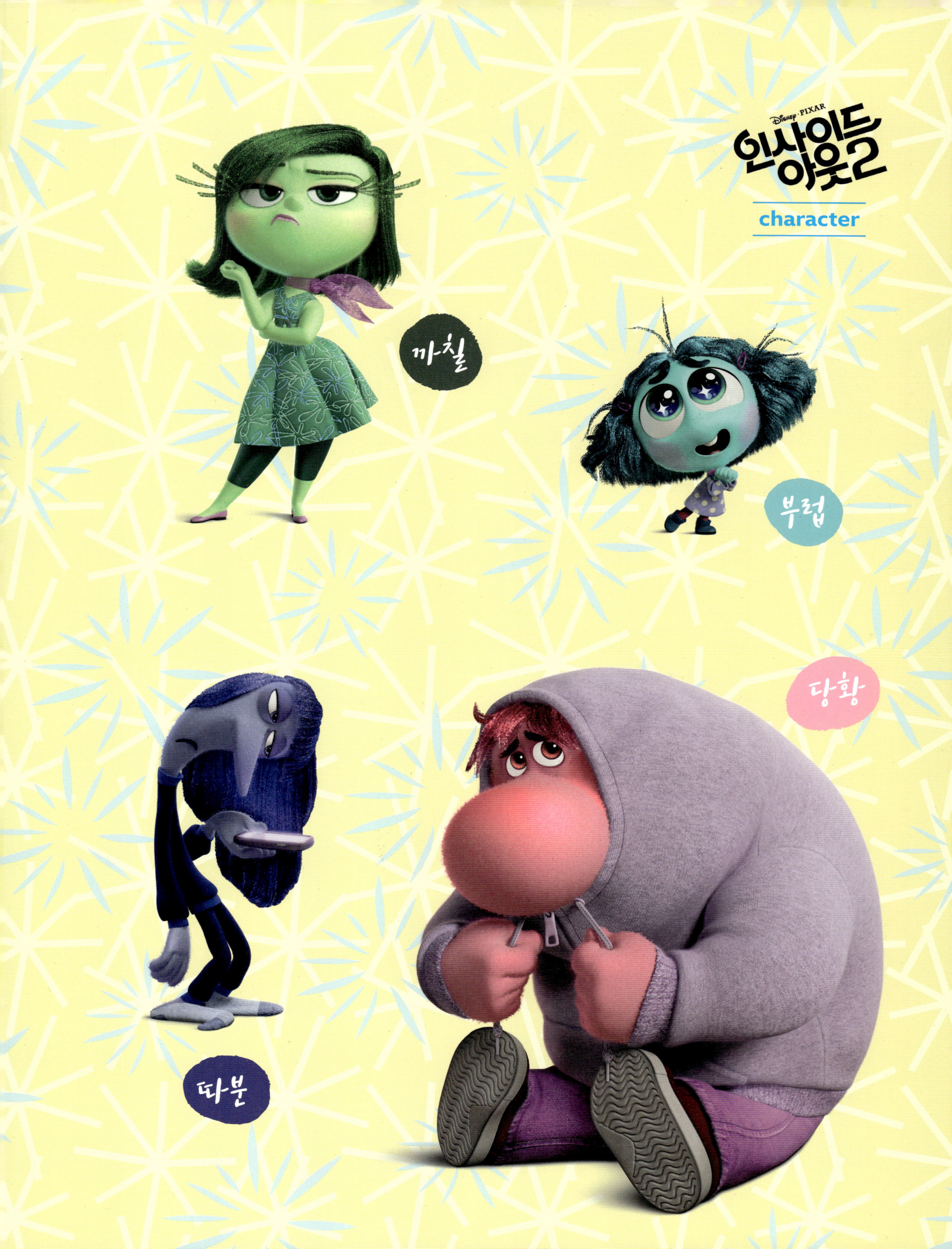

인사이드 아웃2
character
까칠
부럽
당황
따분

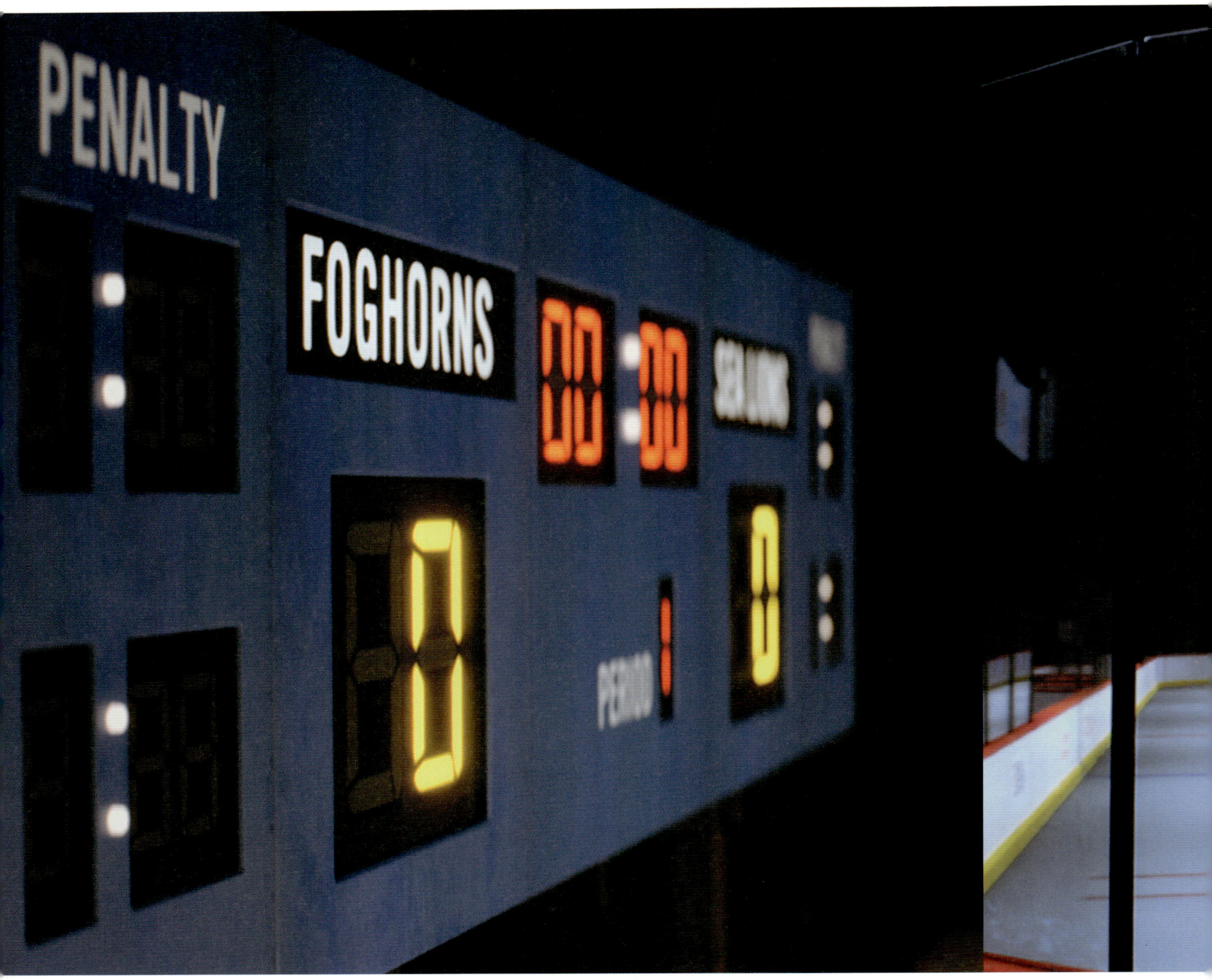

Outside Intro

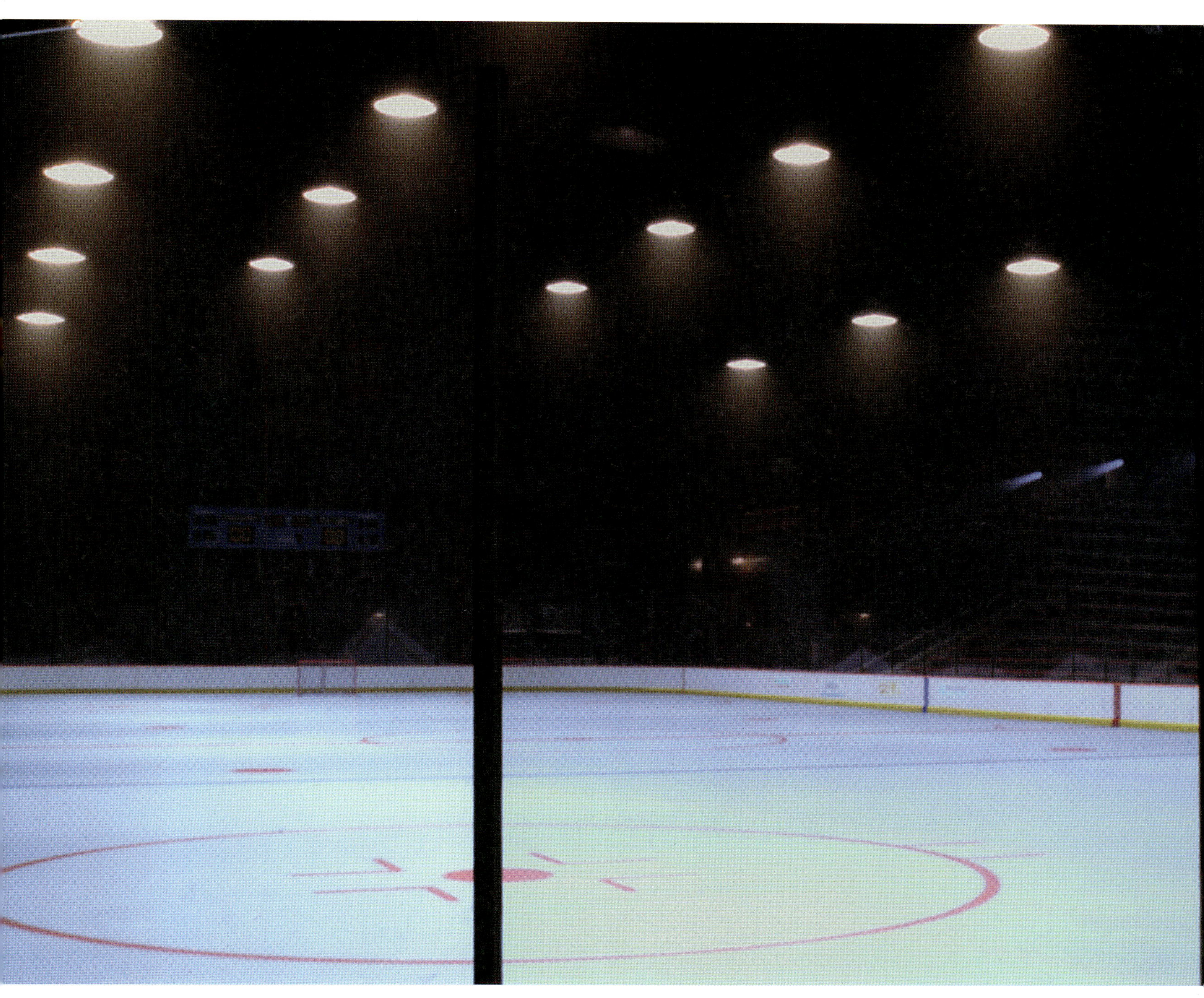
Disney · PIXAR
인사이드 아웃2

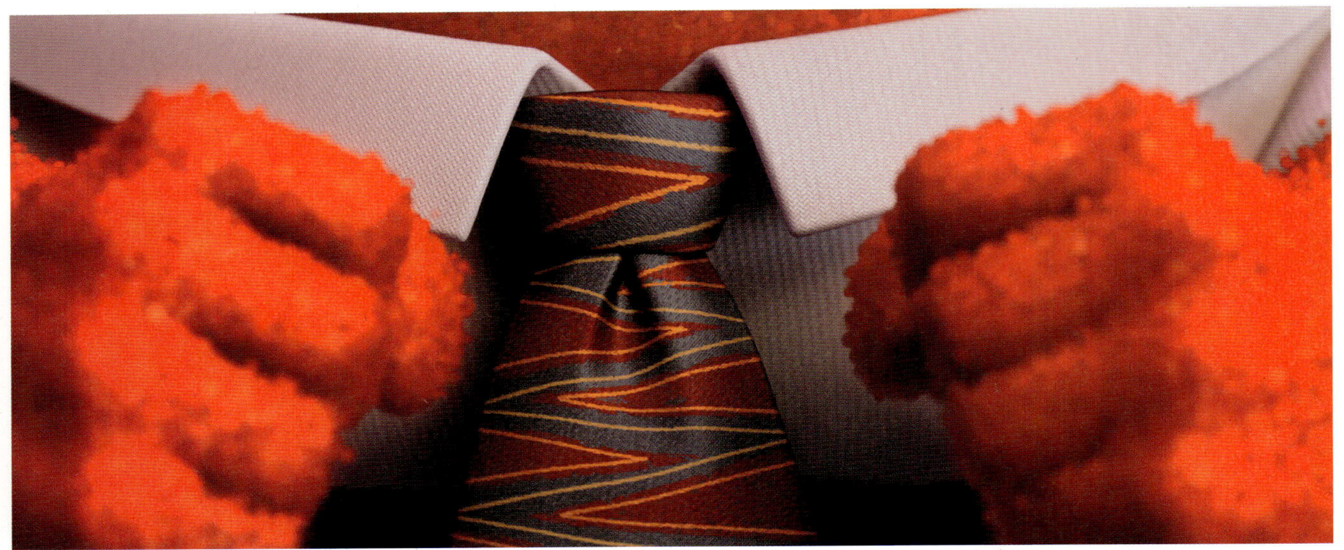

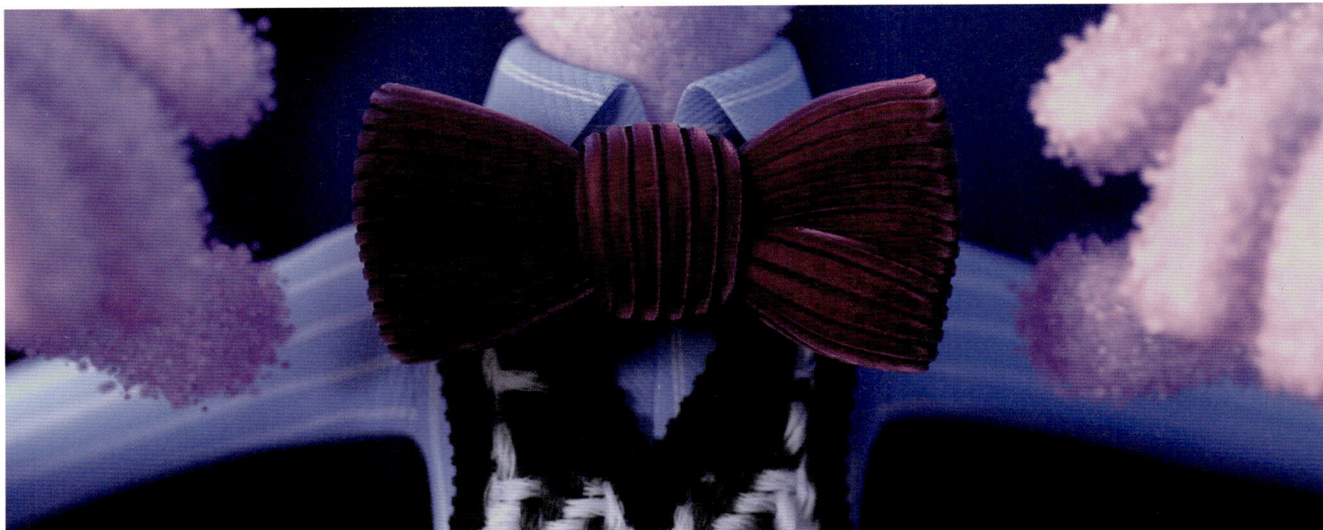

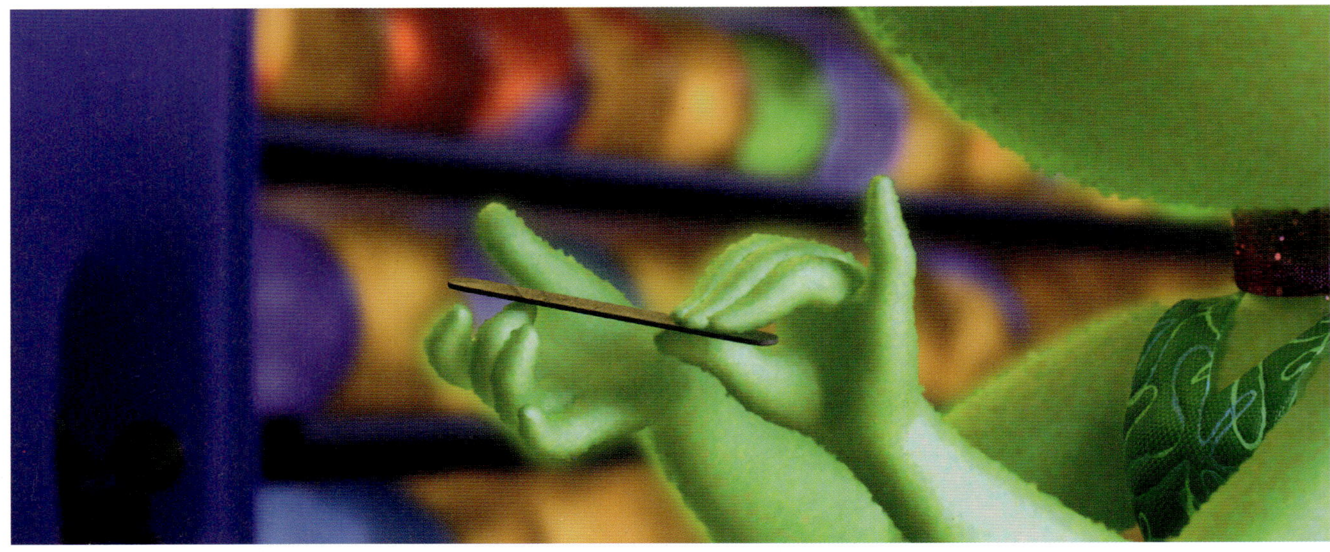

Disney · PIXAR
인사이드
아웃2

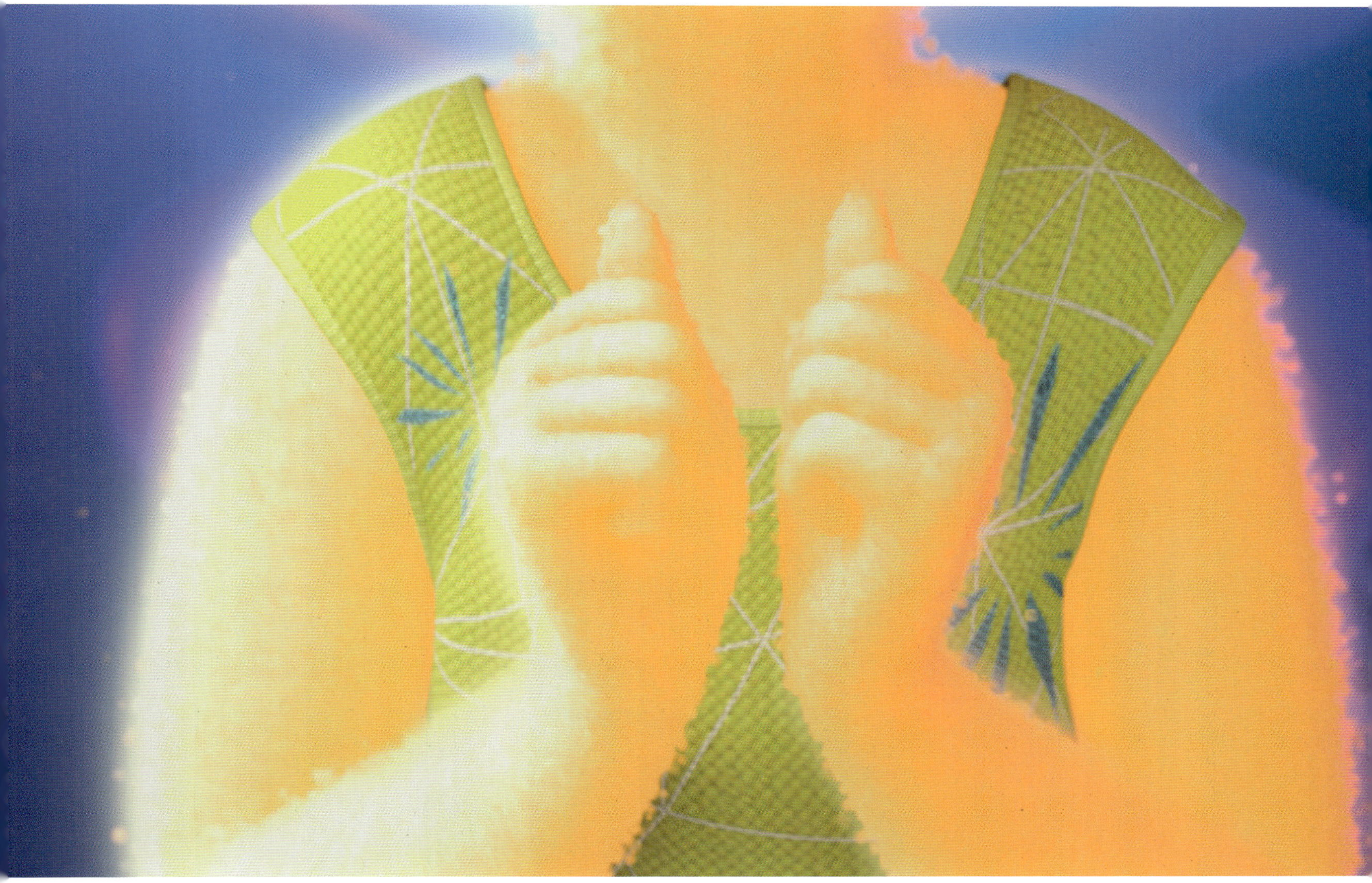

Go Team!

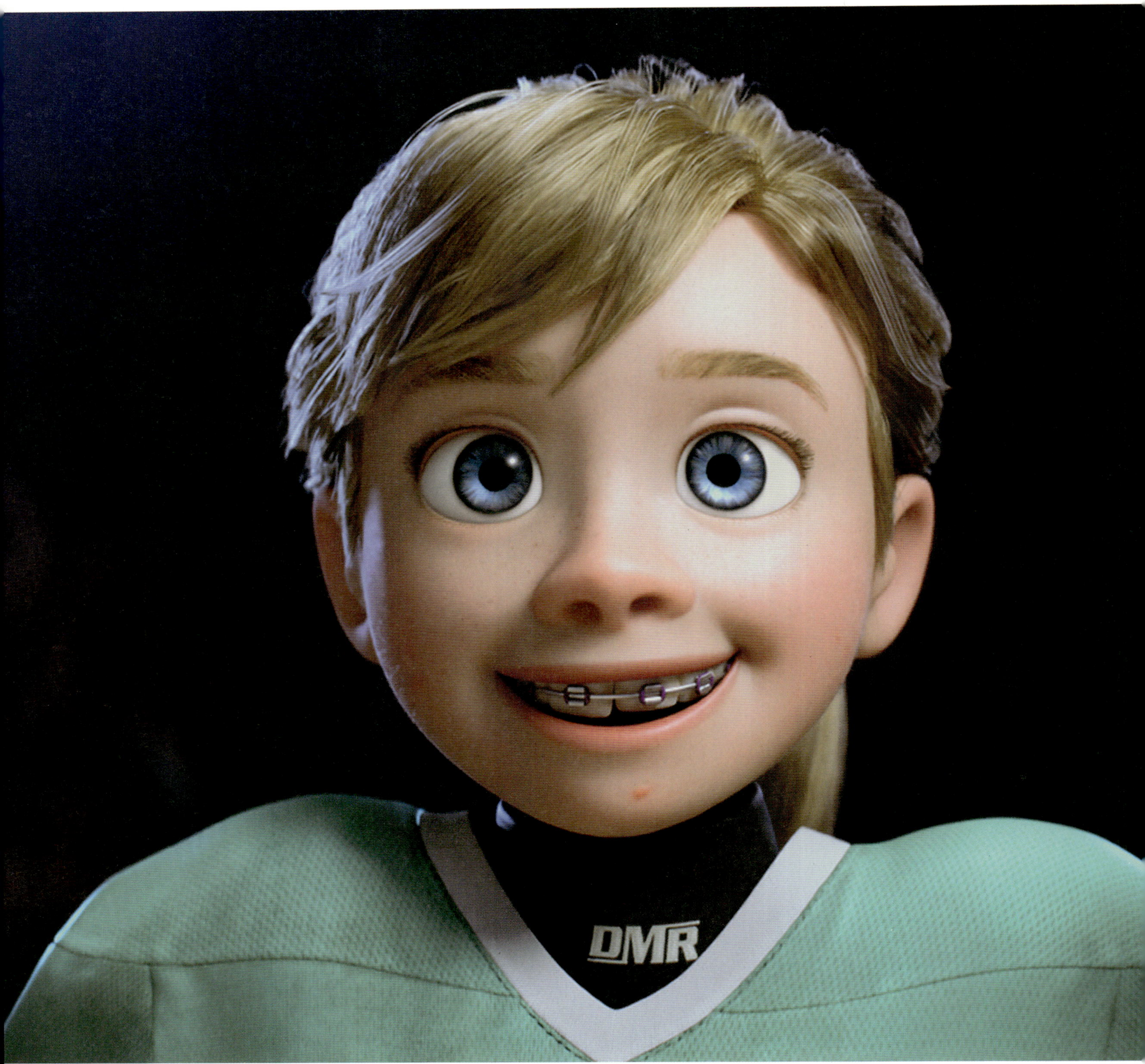

The Life of Riley

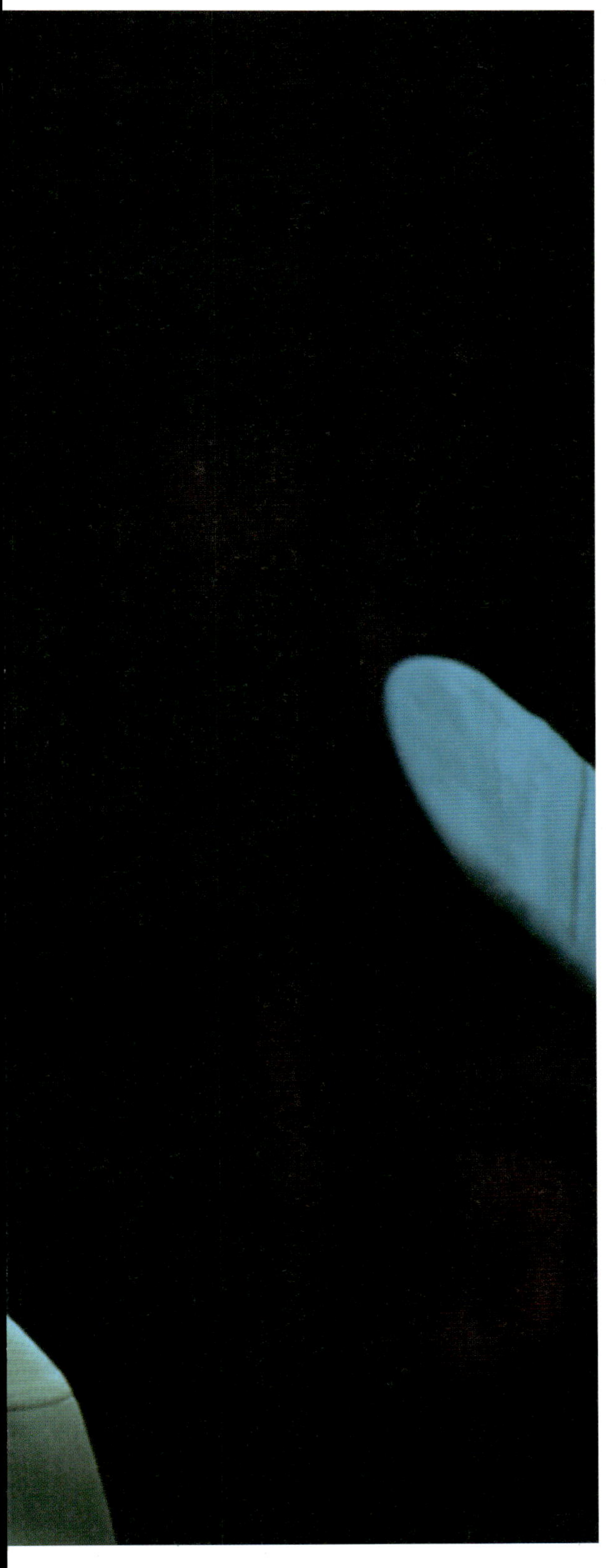

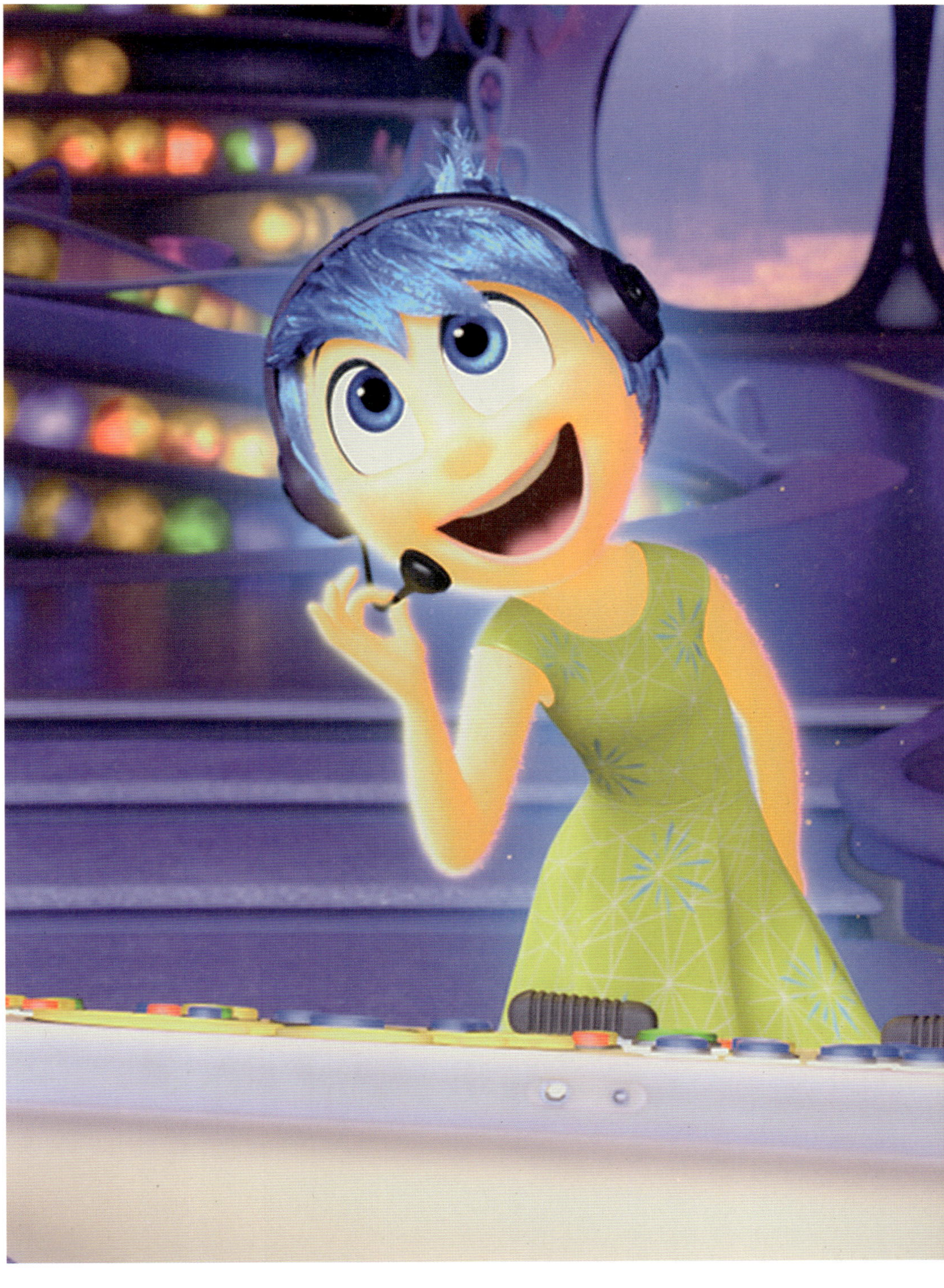

"기쁨이가 전하는 라일리 머릿속 생방송!"
This is Joy. Coming to you live in Riley's!

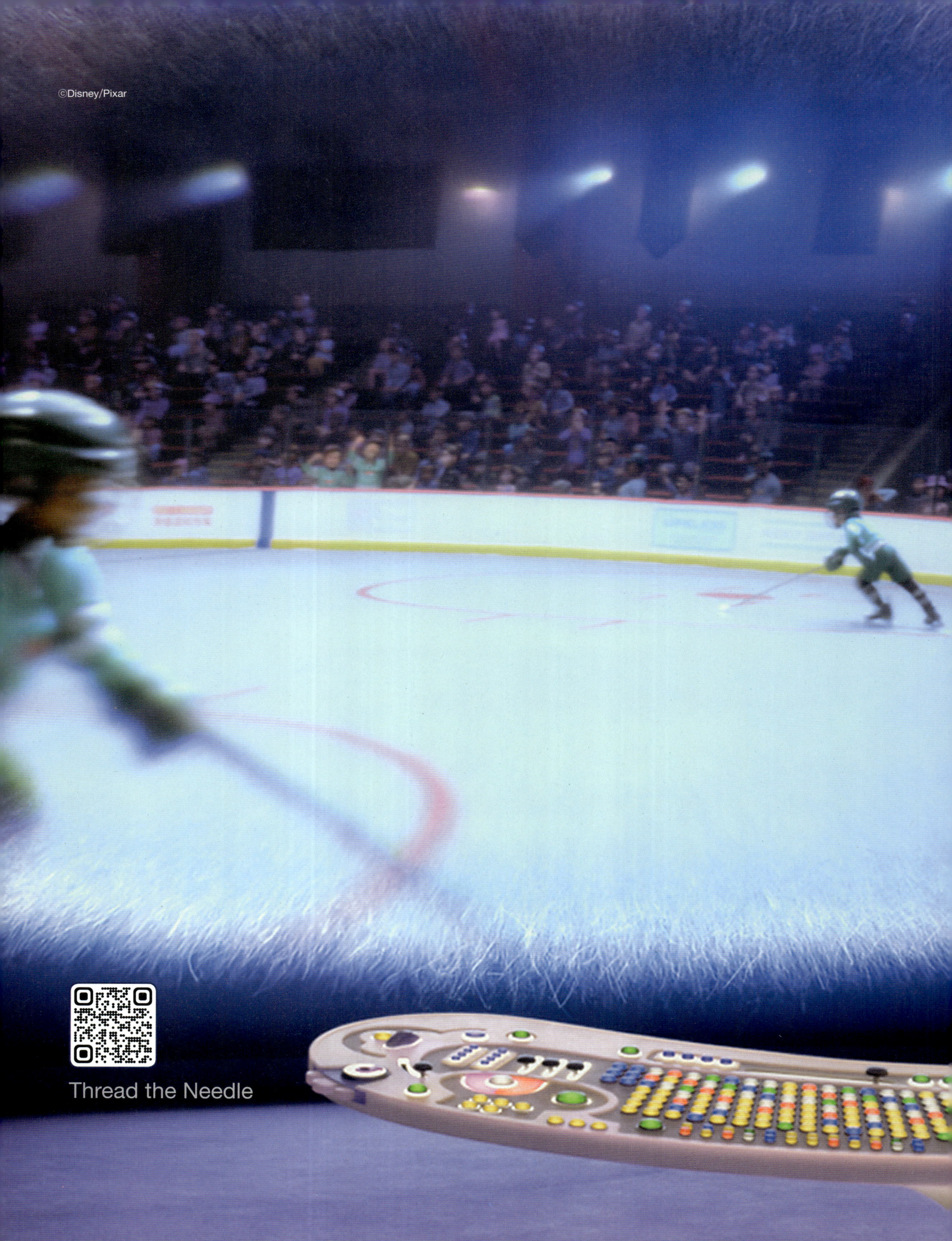

©Disney/Pixar
Thread the Needle

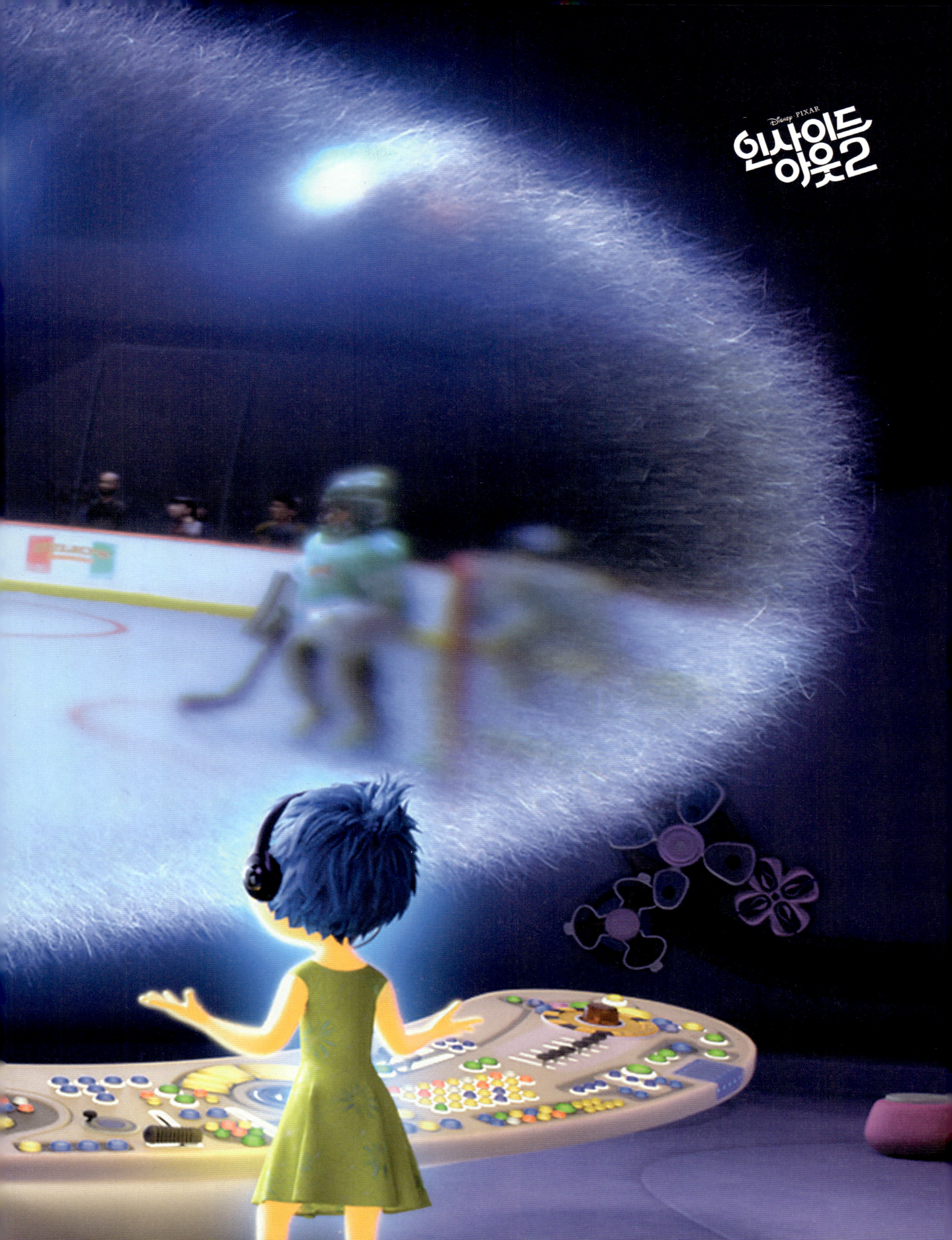

Disney·PIXAR
인사이드 아웃 2

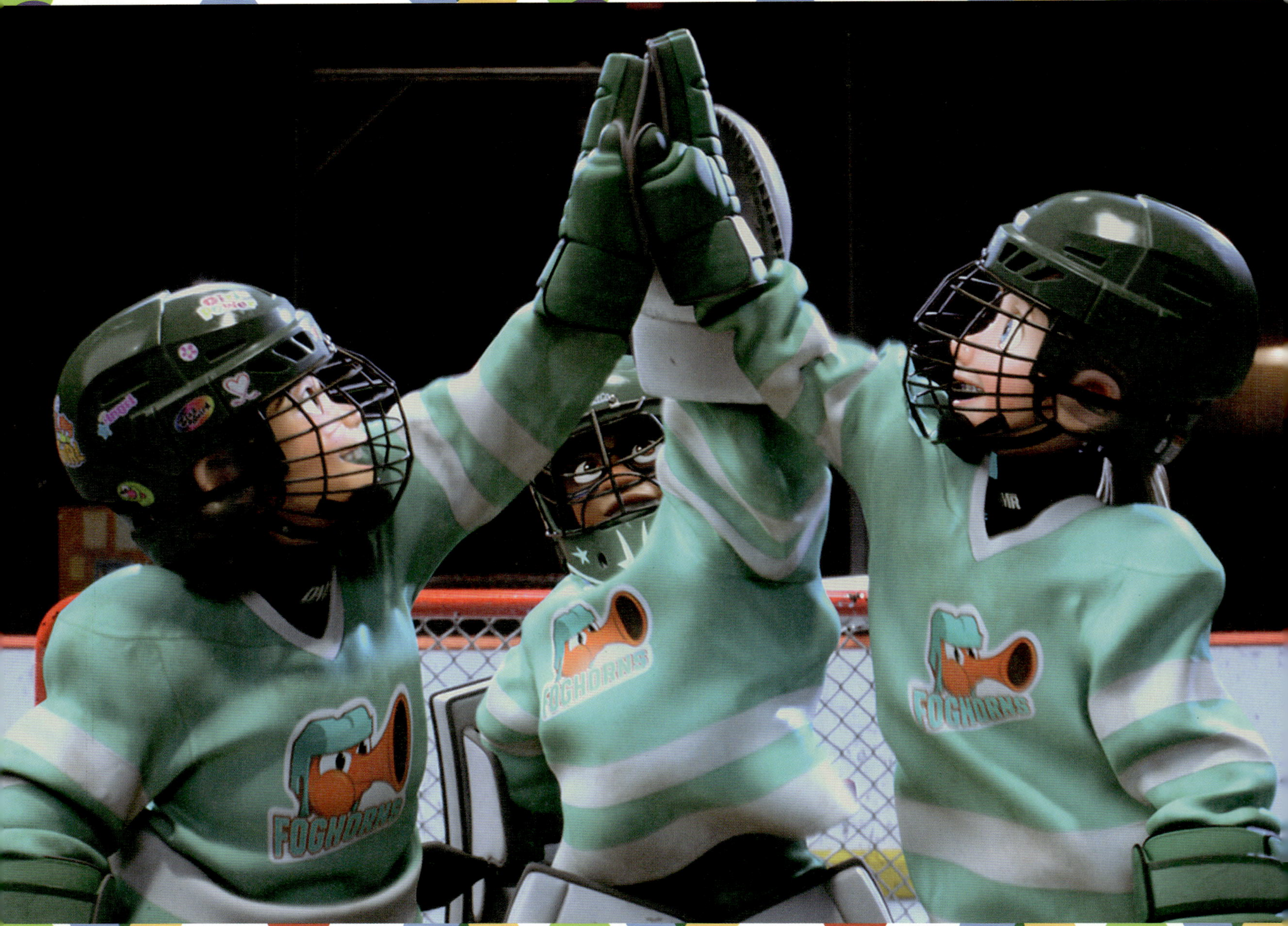

Riley Protection System

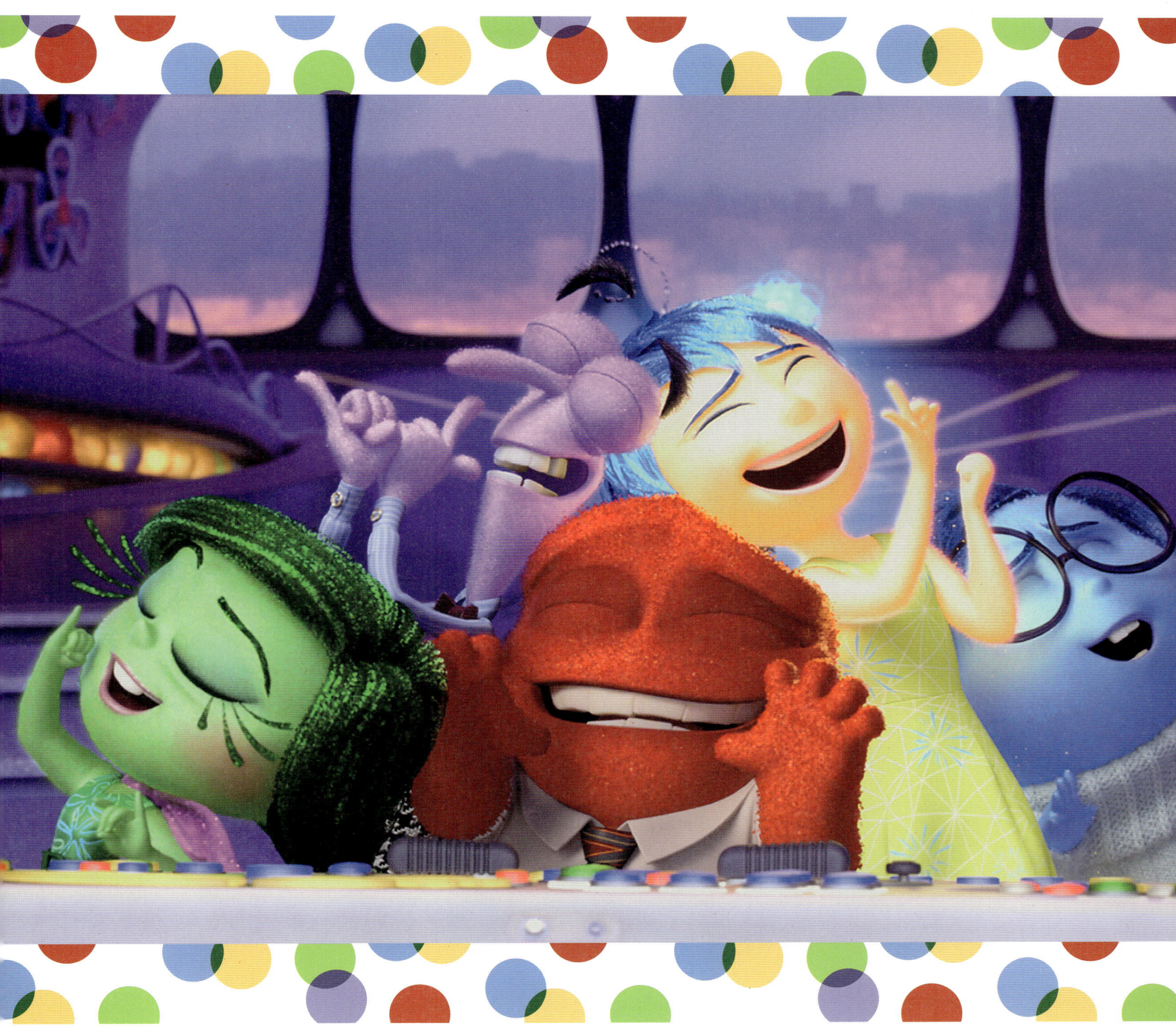

"아우~가!"

Aooga!

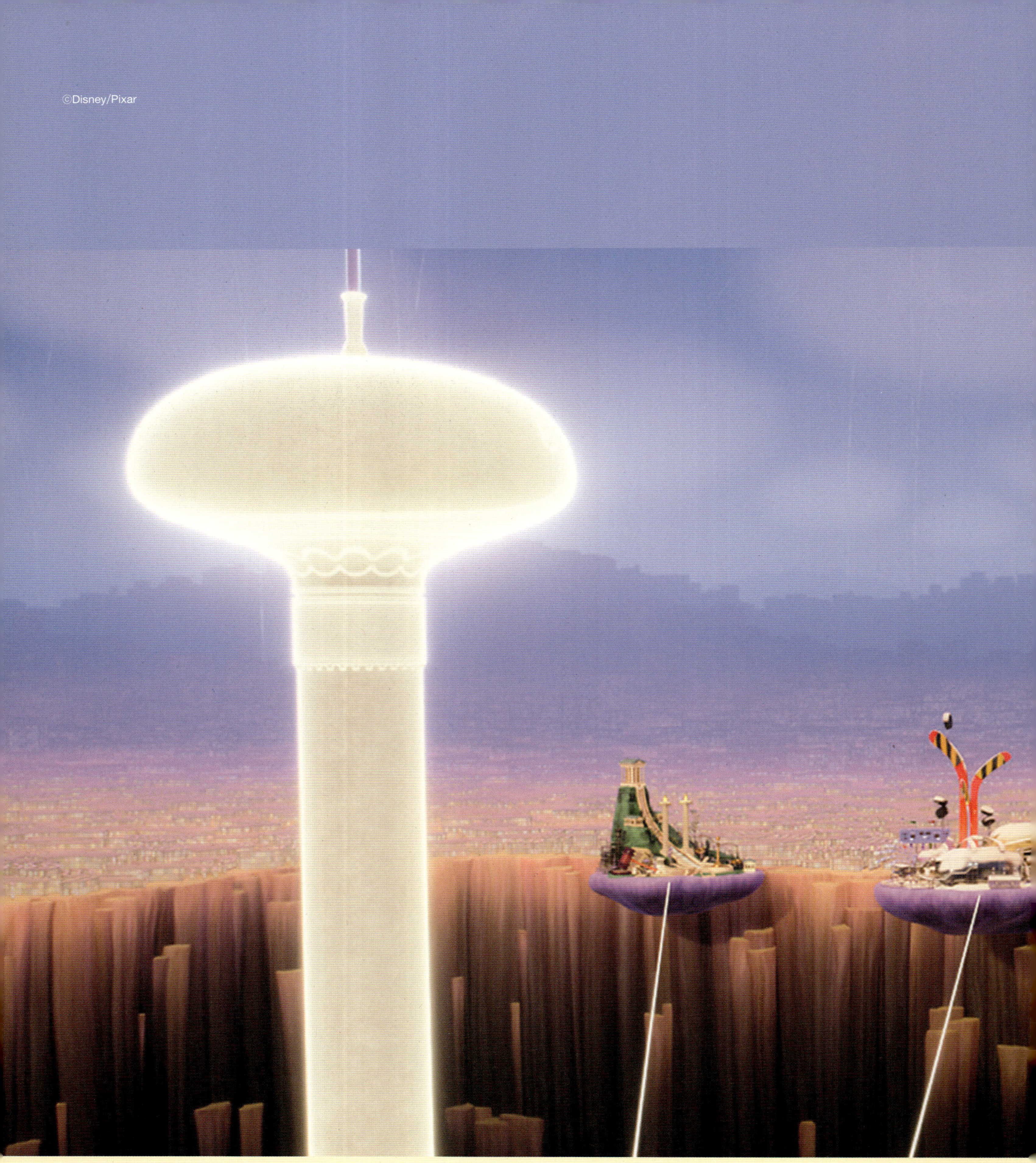

Creating a Sense of Self

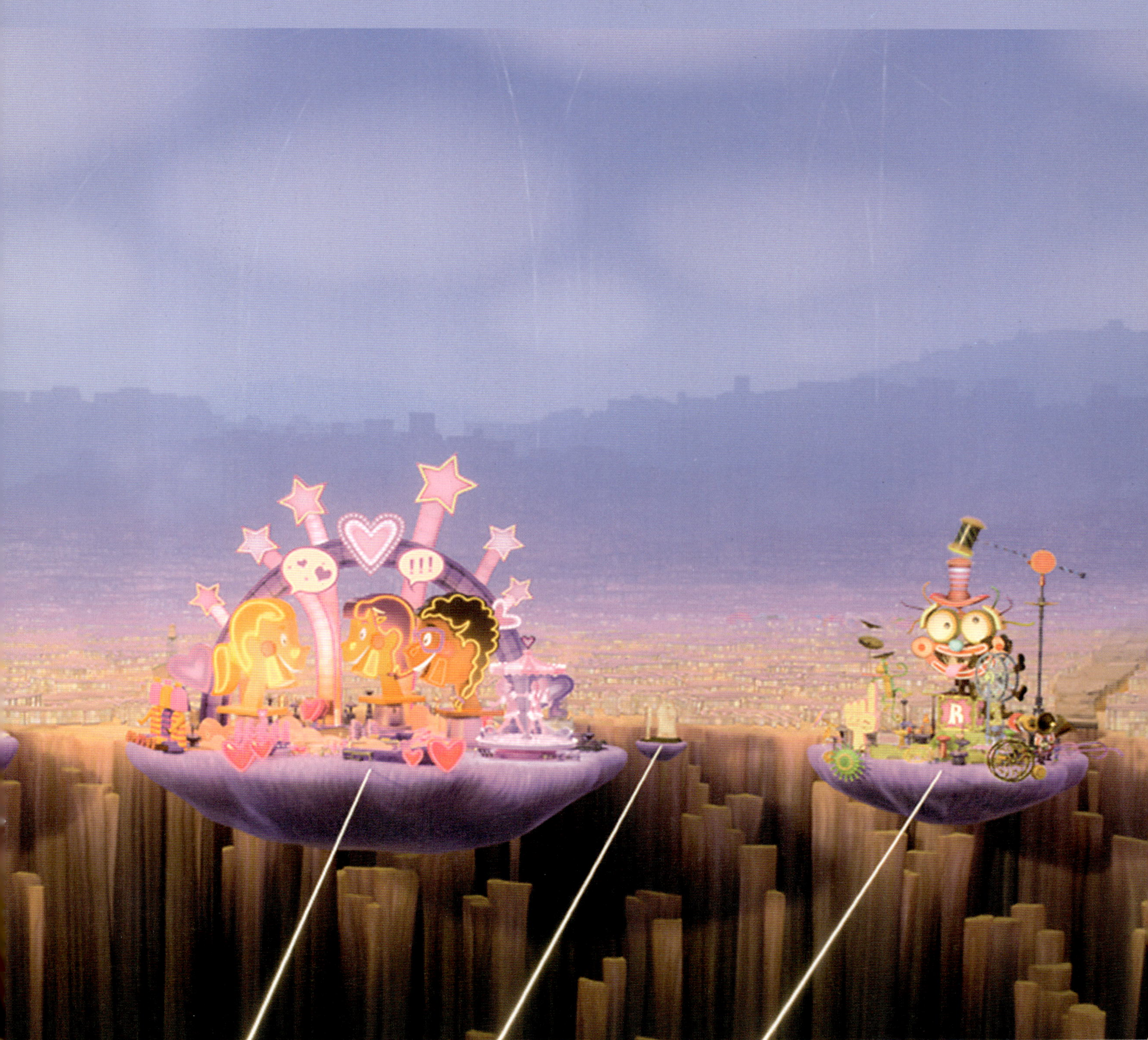

Disney·PIXAR
인사이드 아웃 2

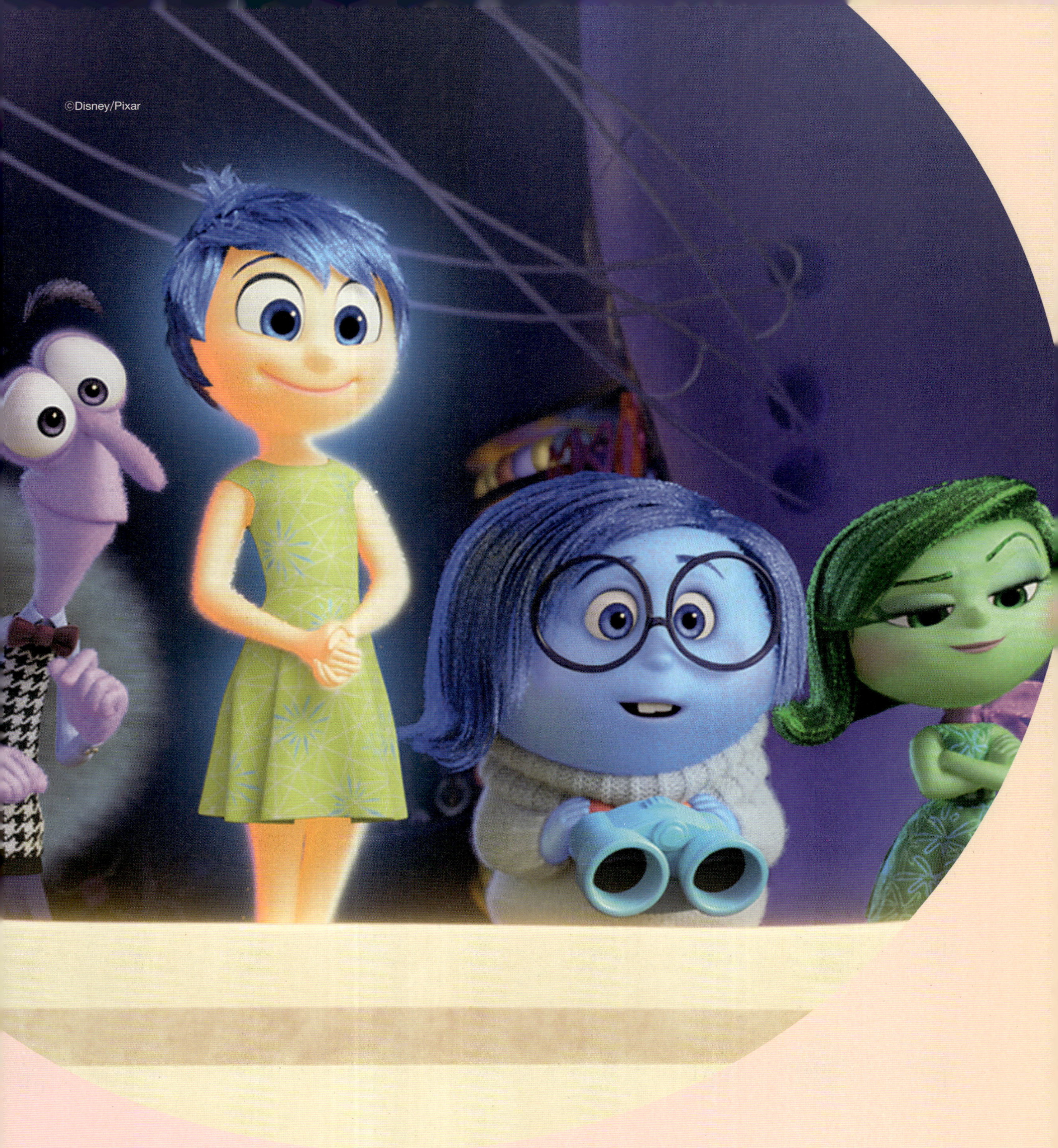

Demo Day

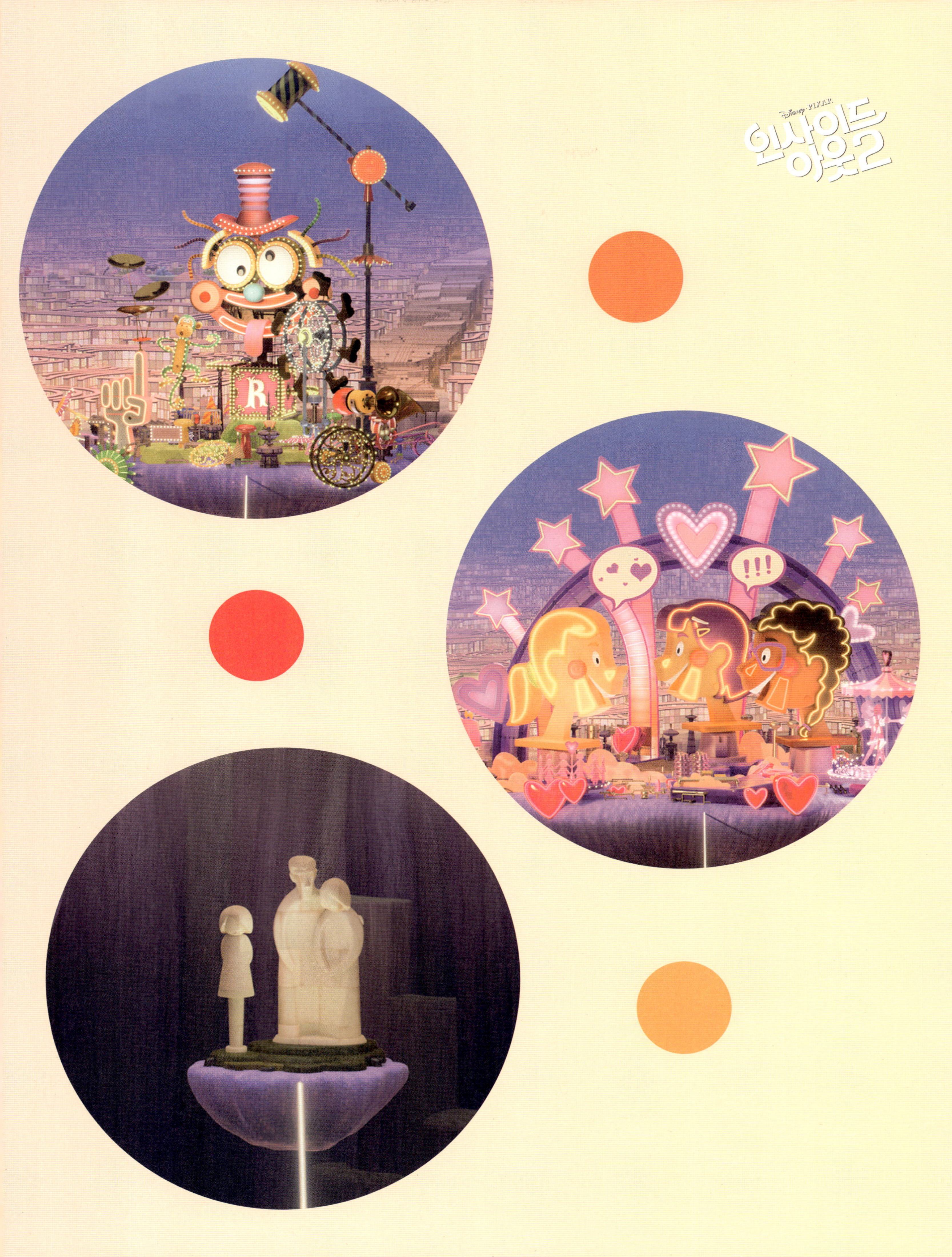
인사이드
아웃 2

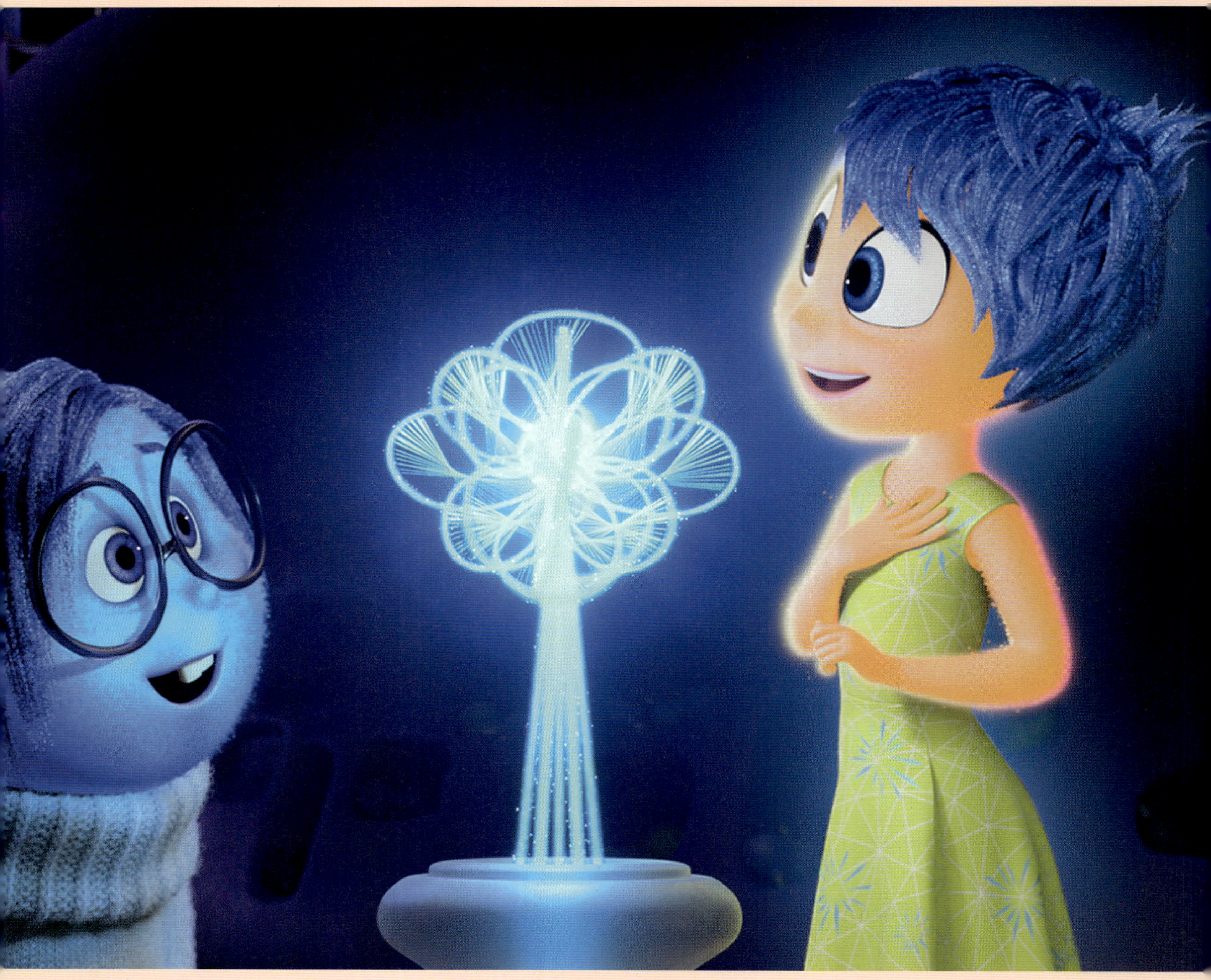

Ride and Prejudice

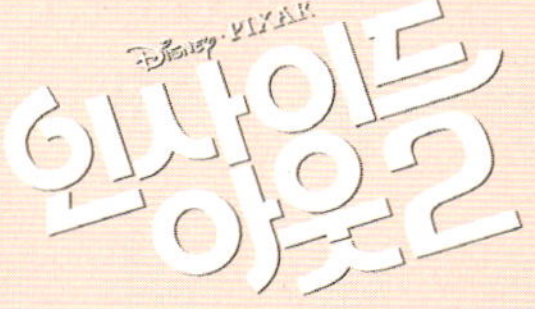

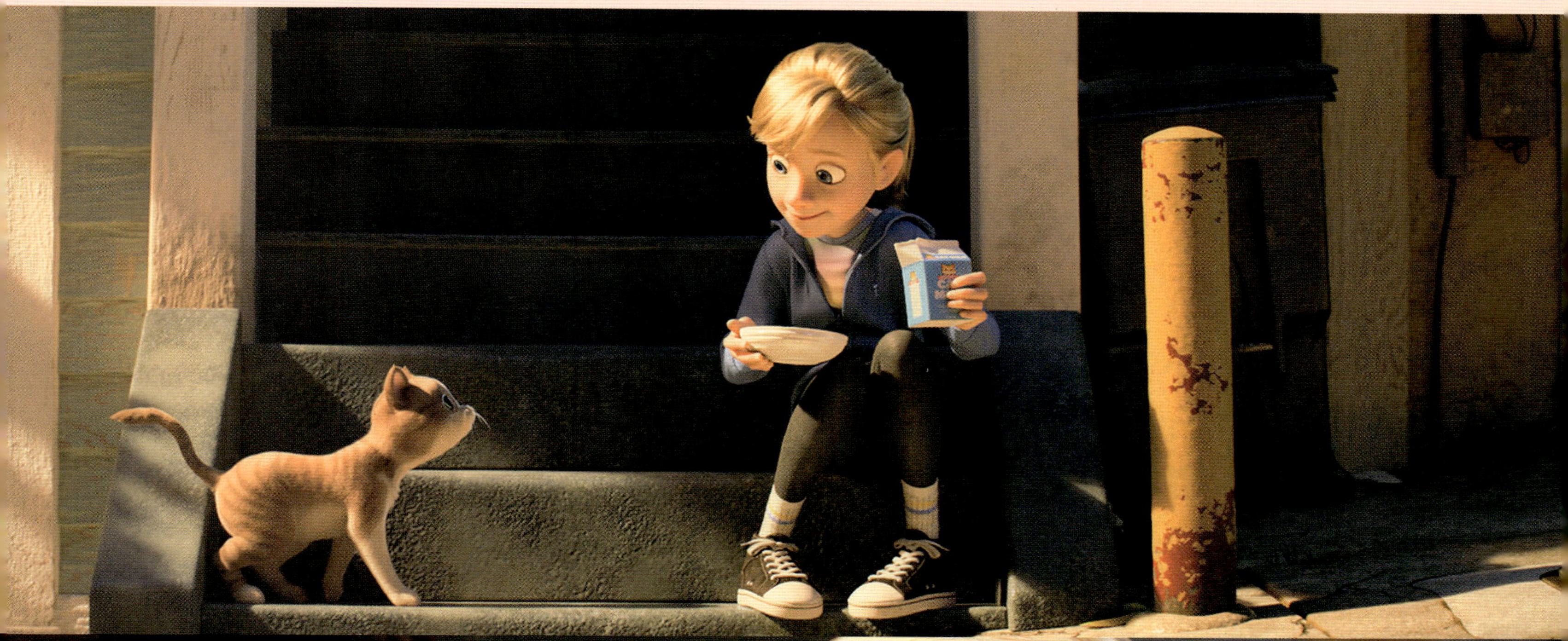

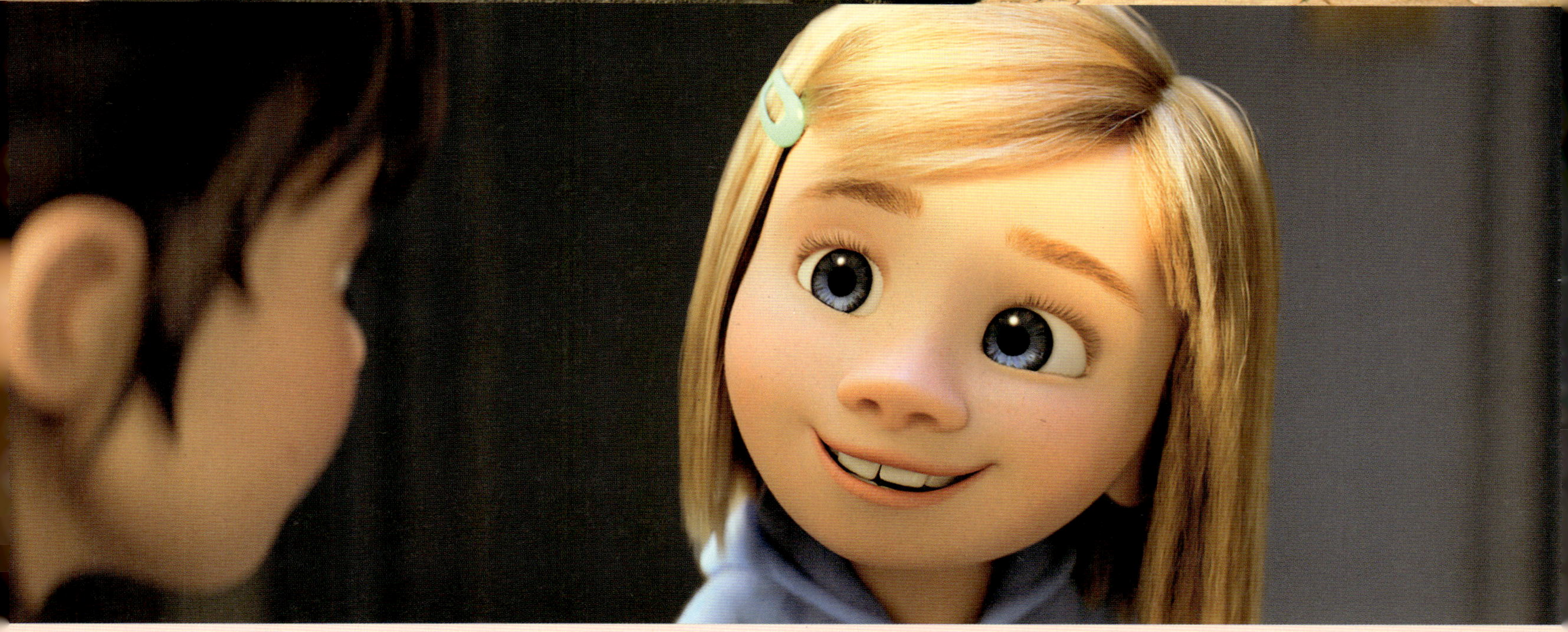

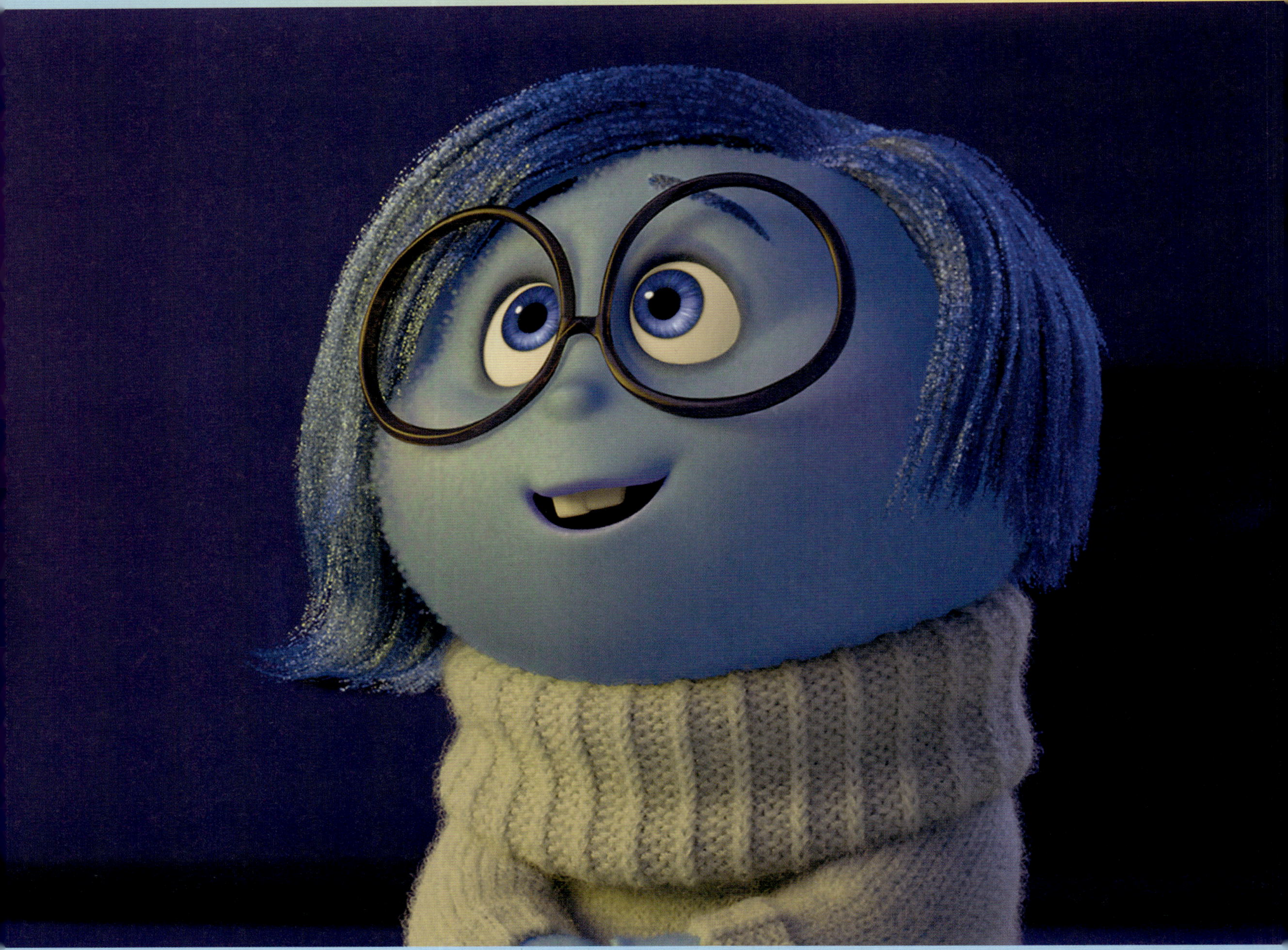

Anxious to Meet You

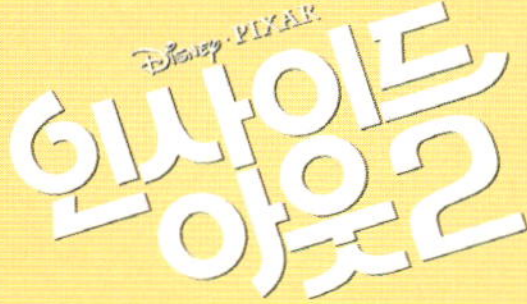

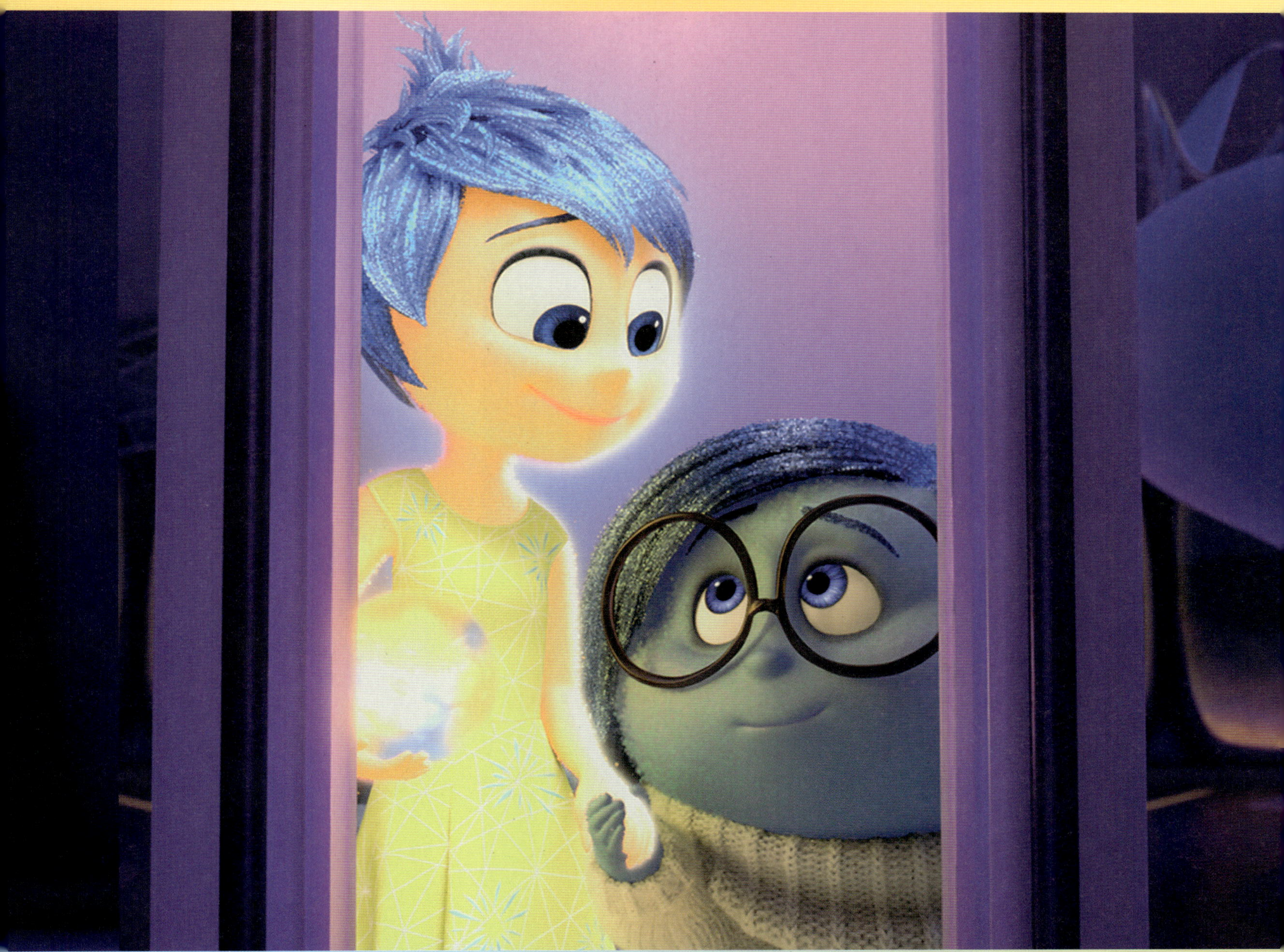

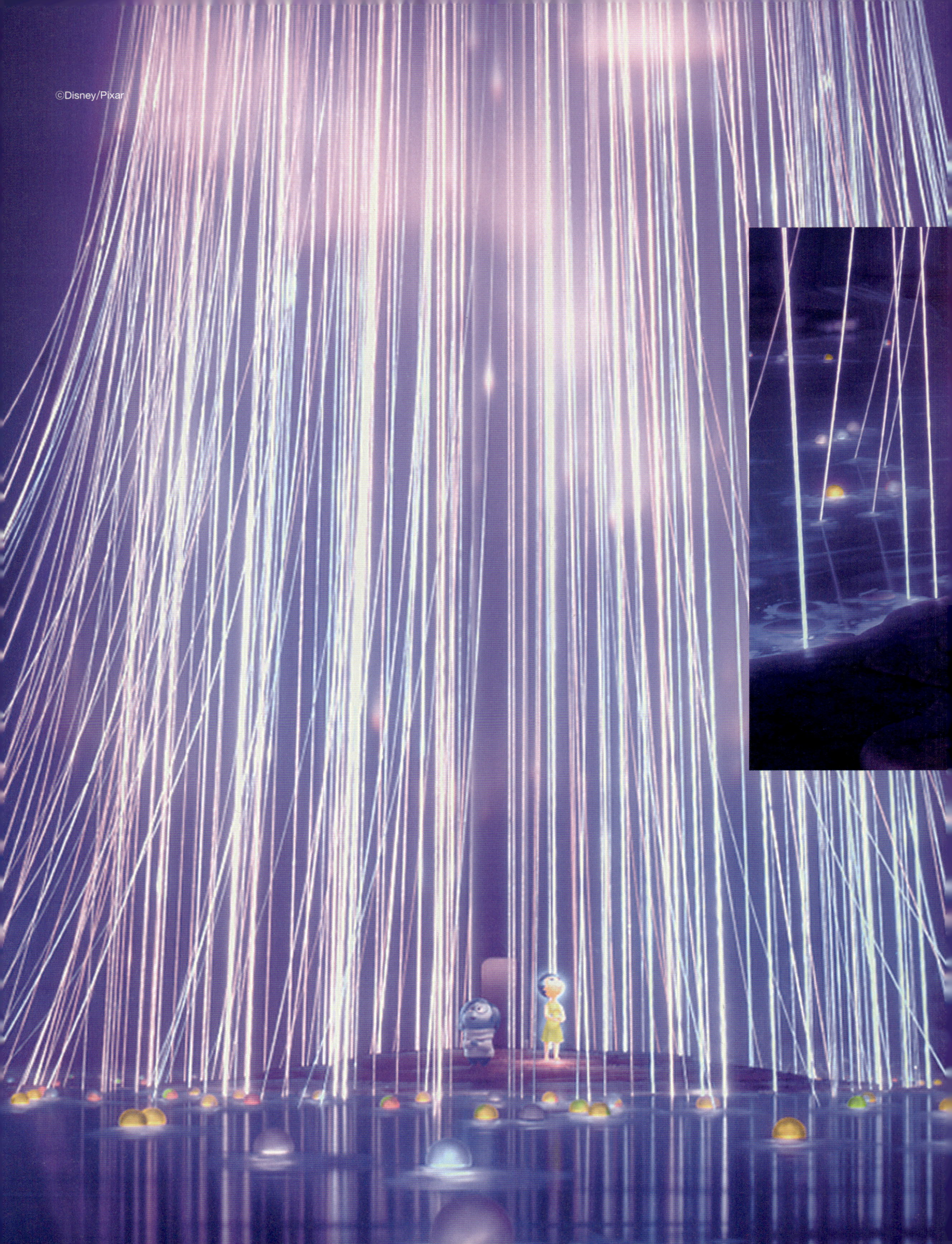

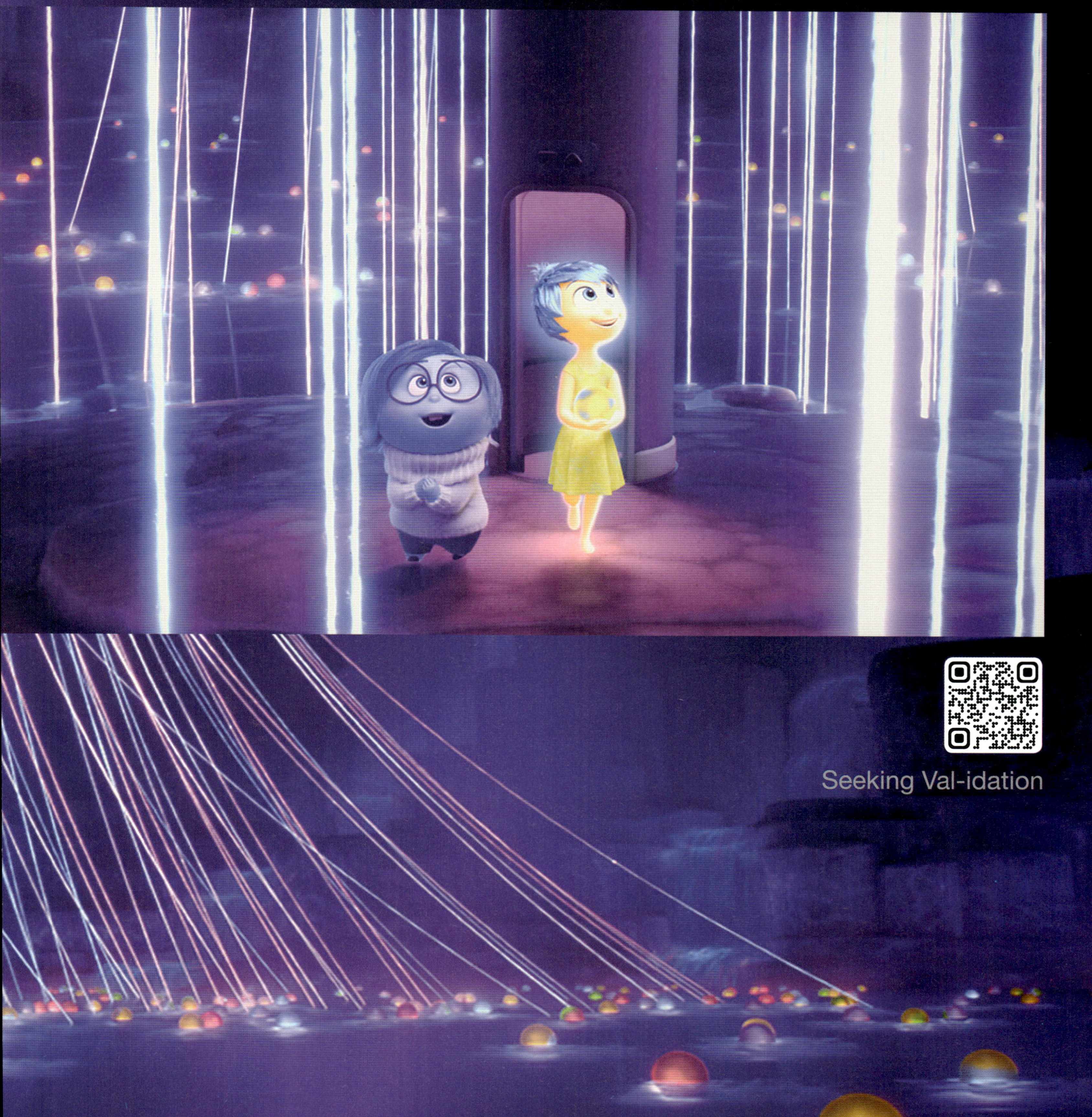

Disney·PIXAR
인사이드
아웃 2
Seeking Val-idation

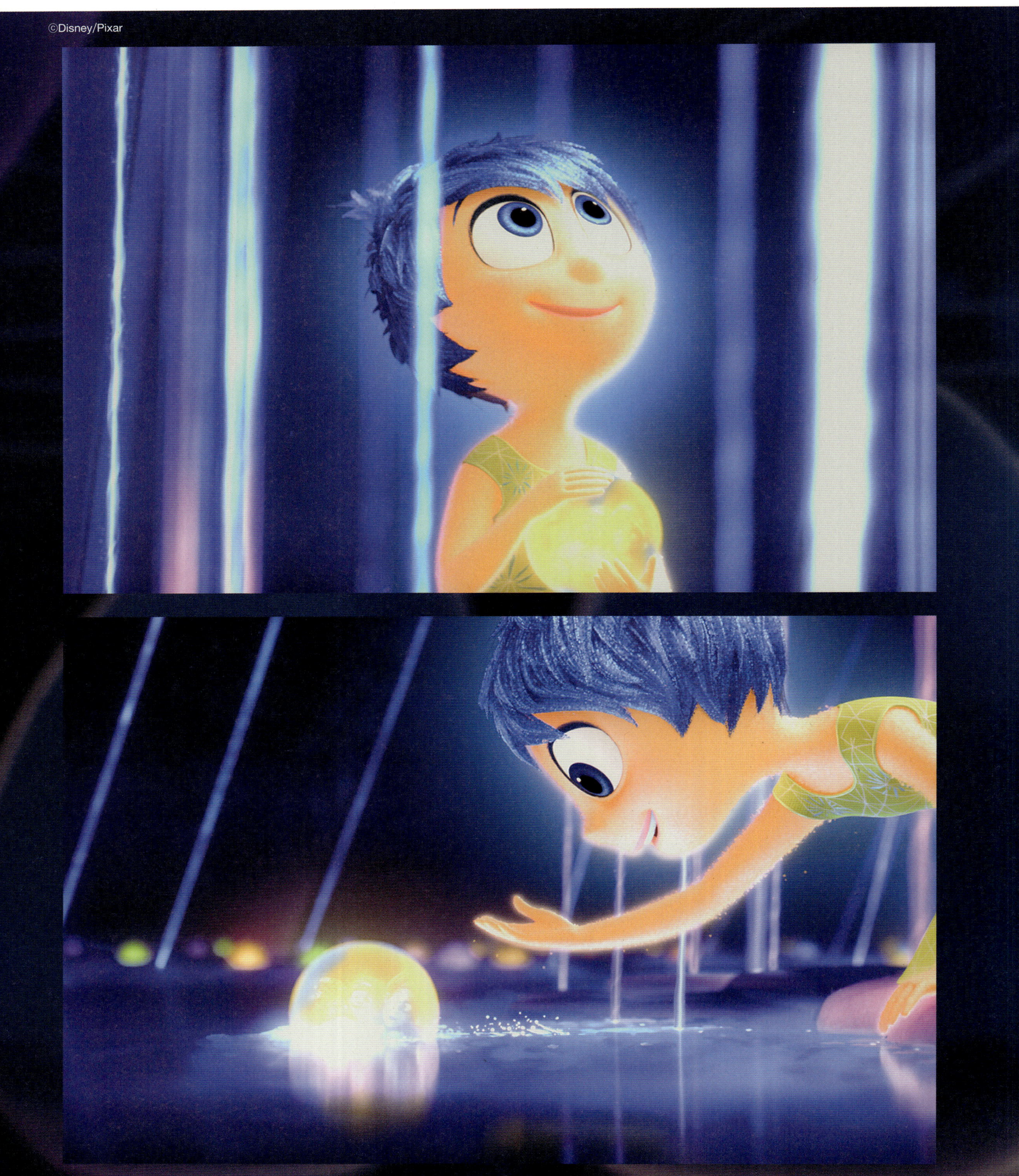

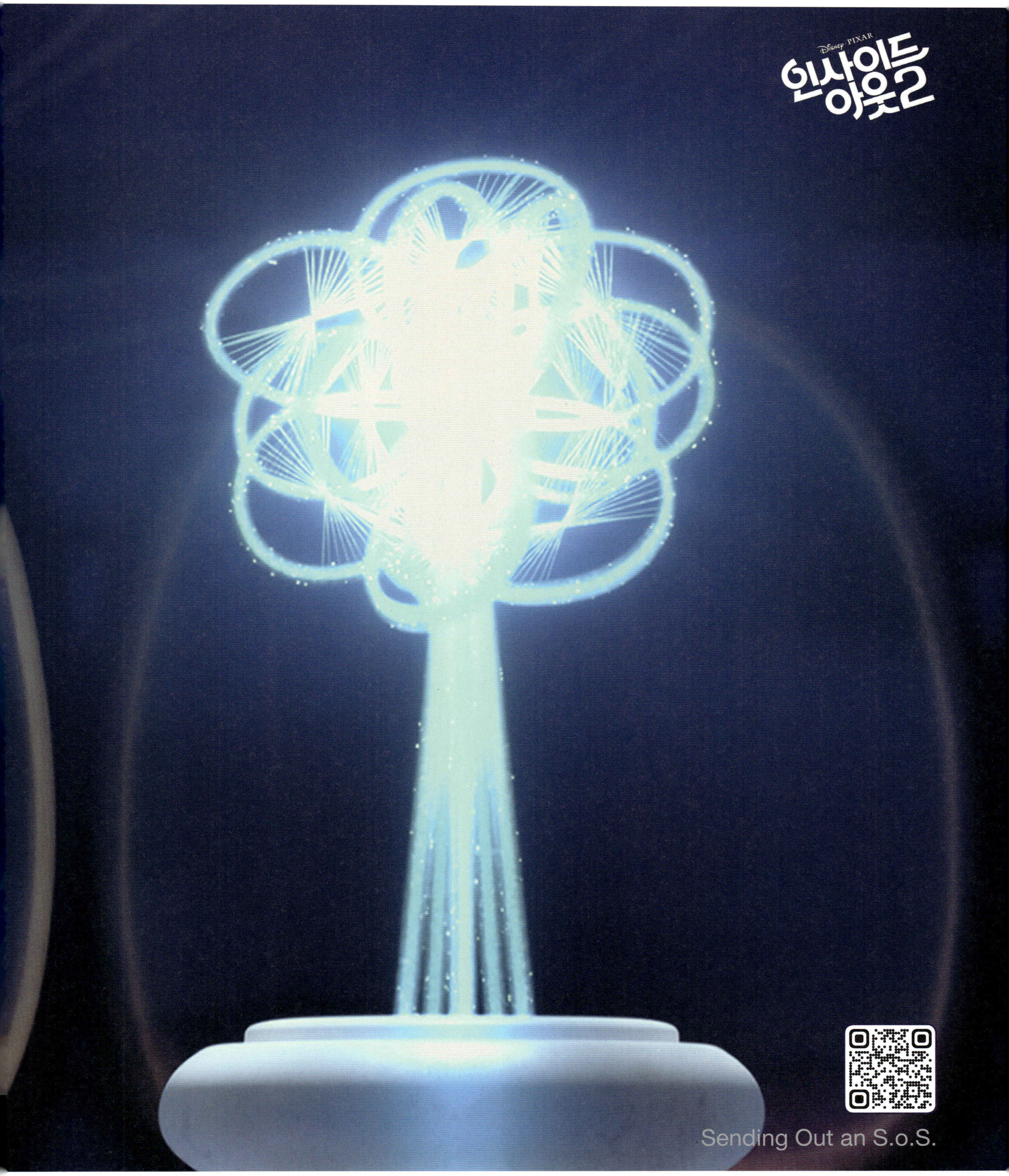

Disney·PIXAR
인사이드 아웃2
Sending Out an S.o.S.

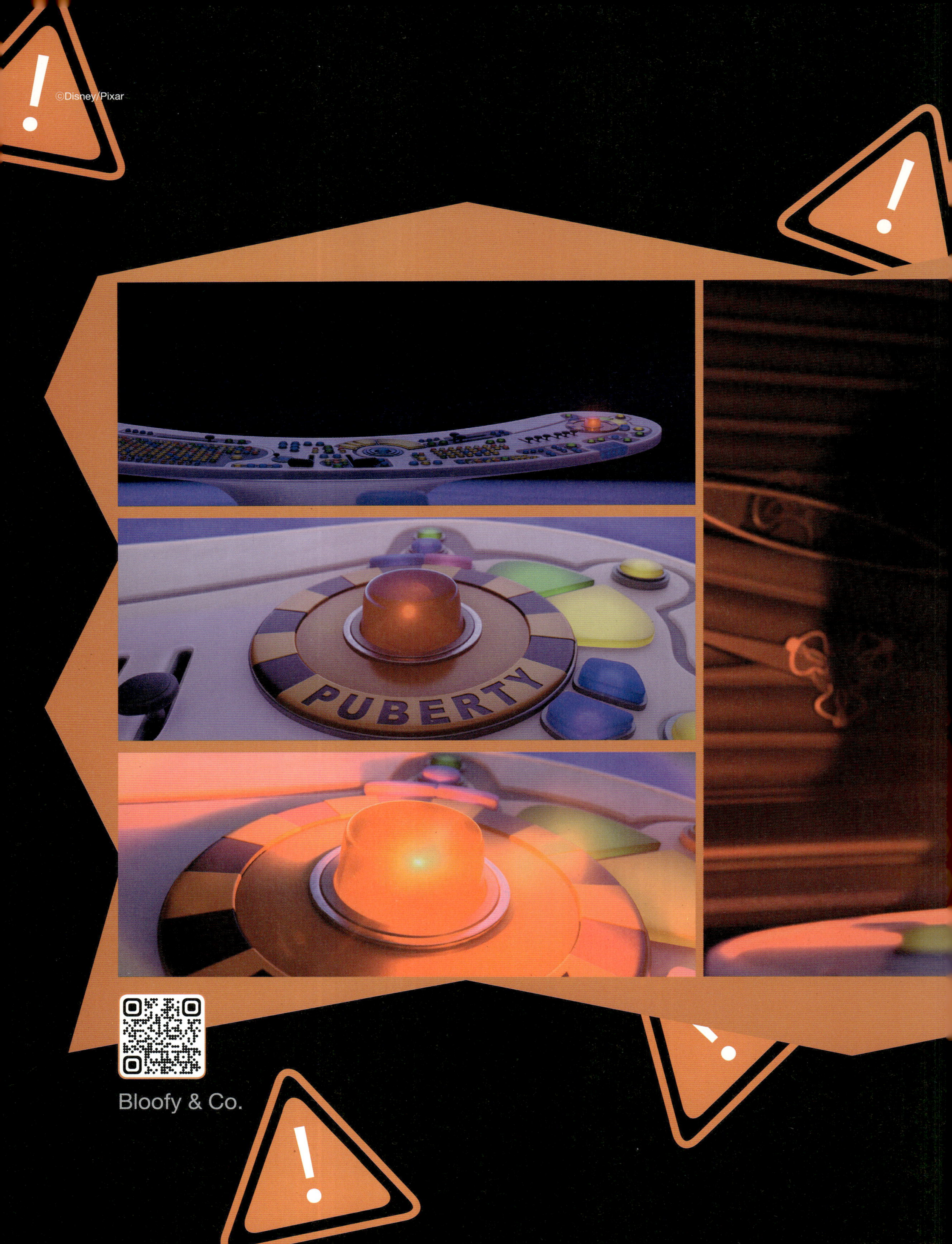
©Disney/Pixar
PUBERTY
Bloofy & Co.

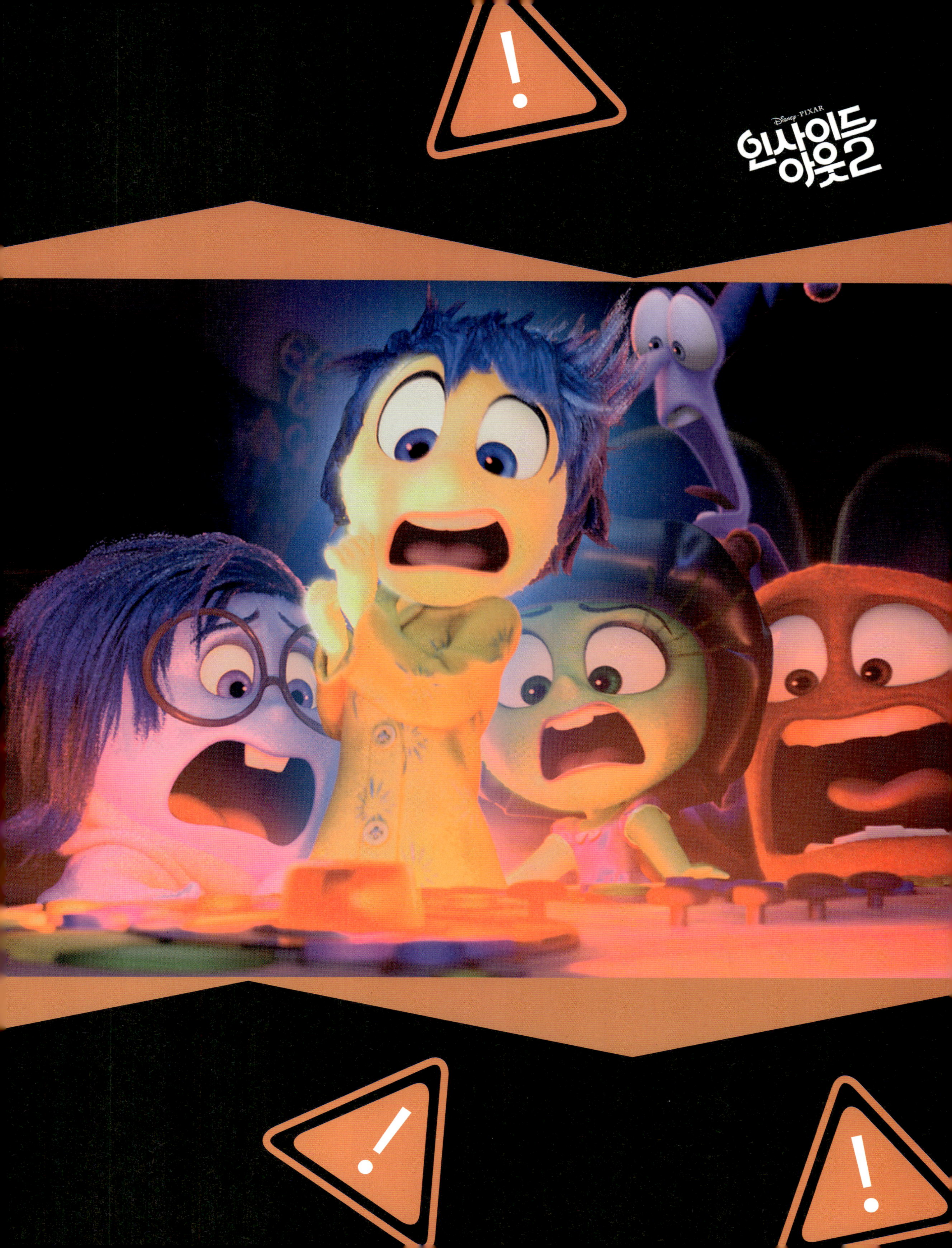

인사이드
아웃2

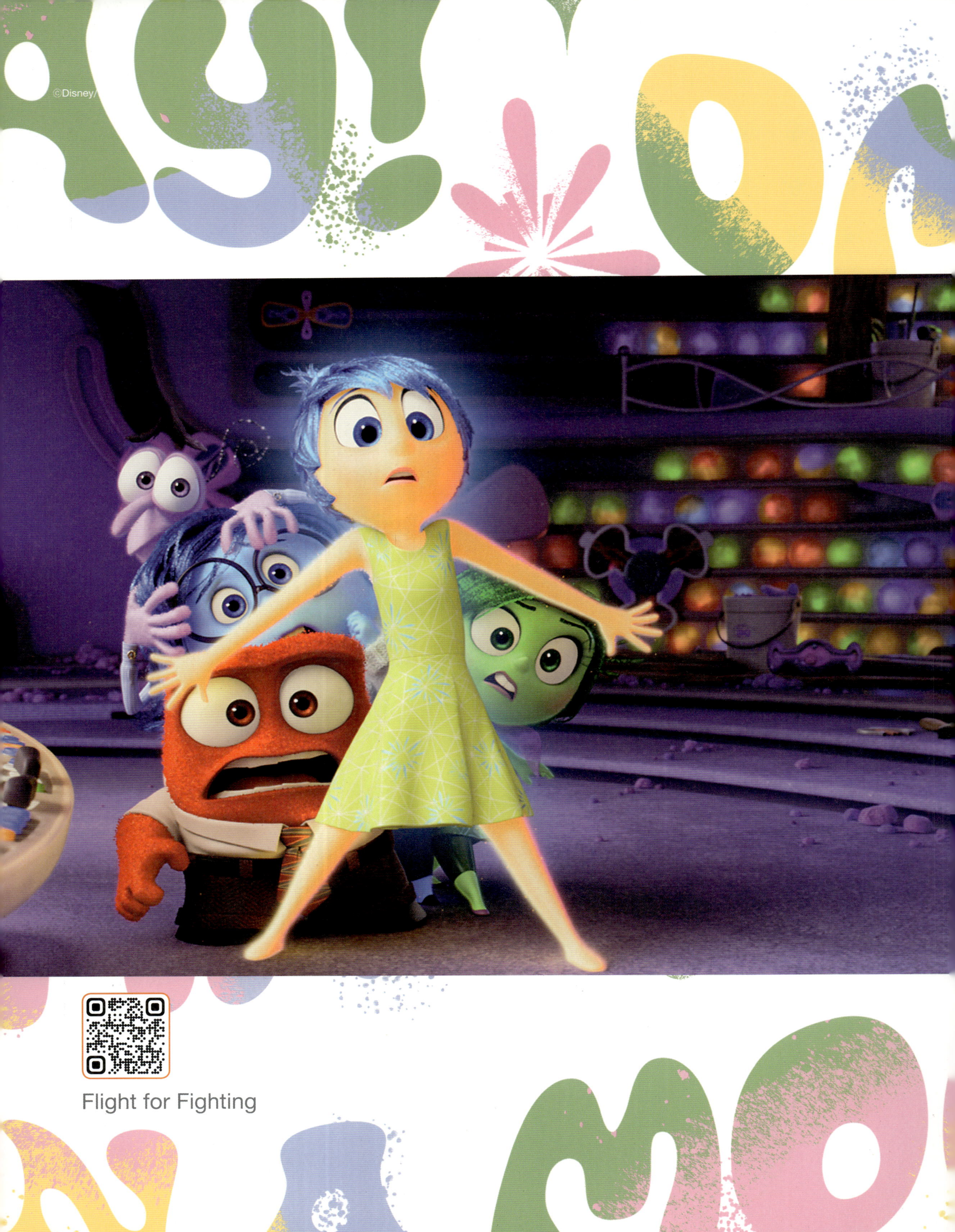

Flight for Fighting

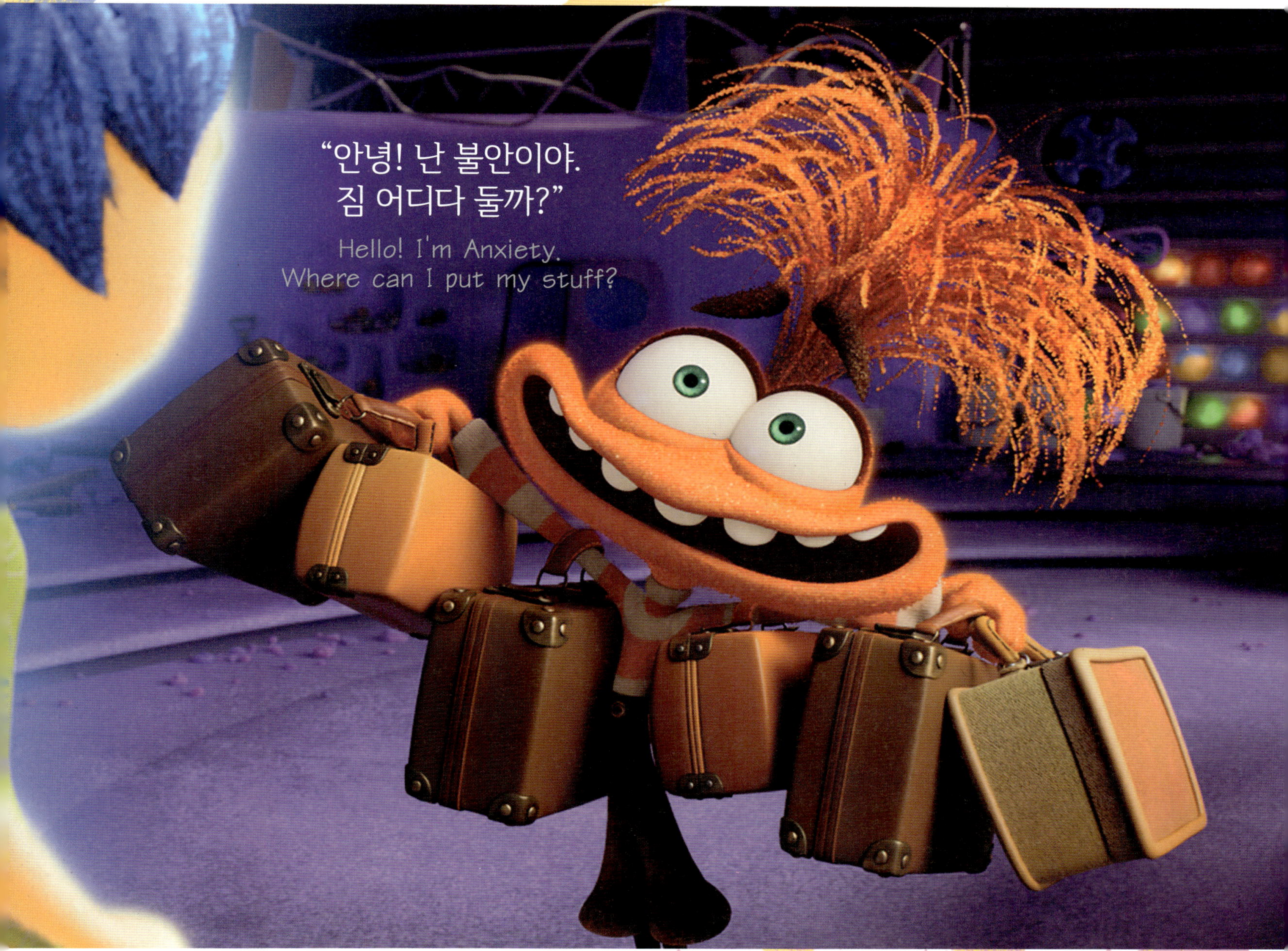

인사이드 아웃2
"안녕! 난 불안이야.
짐 어디다 둘까?"
Hello! I'm Anxiety.
Where can I put my stuff?

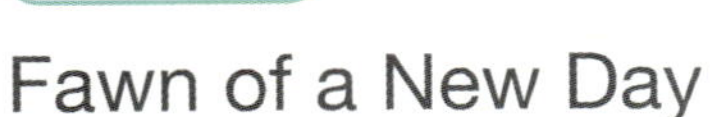

Fawn of a New Day

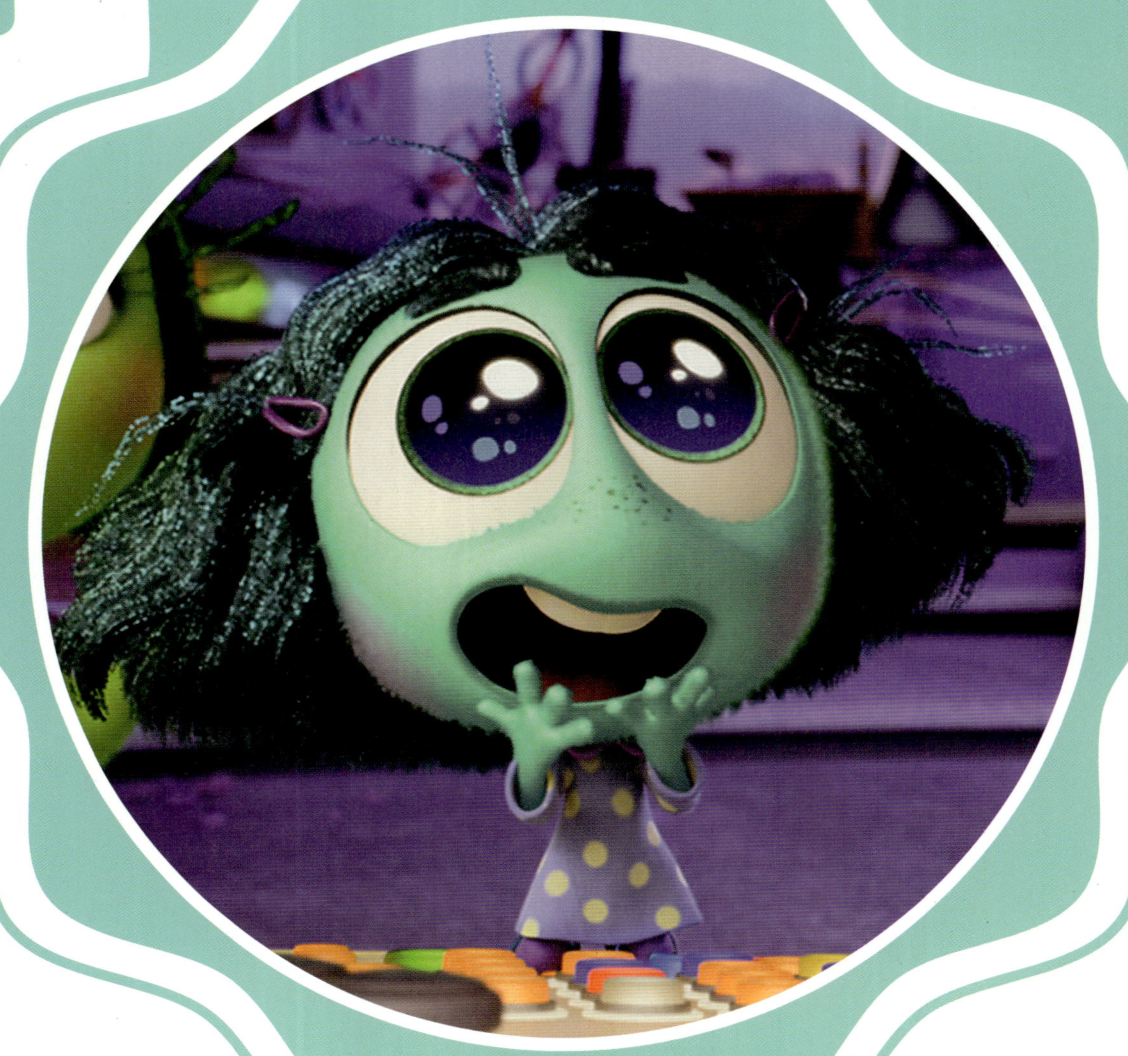

"난 부럽이야! 우와... 머리 좀 봐!"
I'm Envy! Oh... look at your hair!

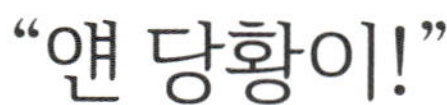

"얜 당황이!"

That's Embarrassment!

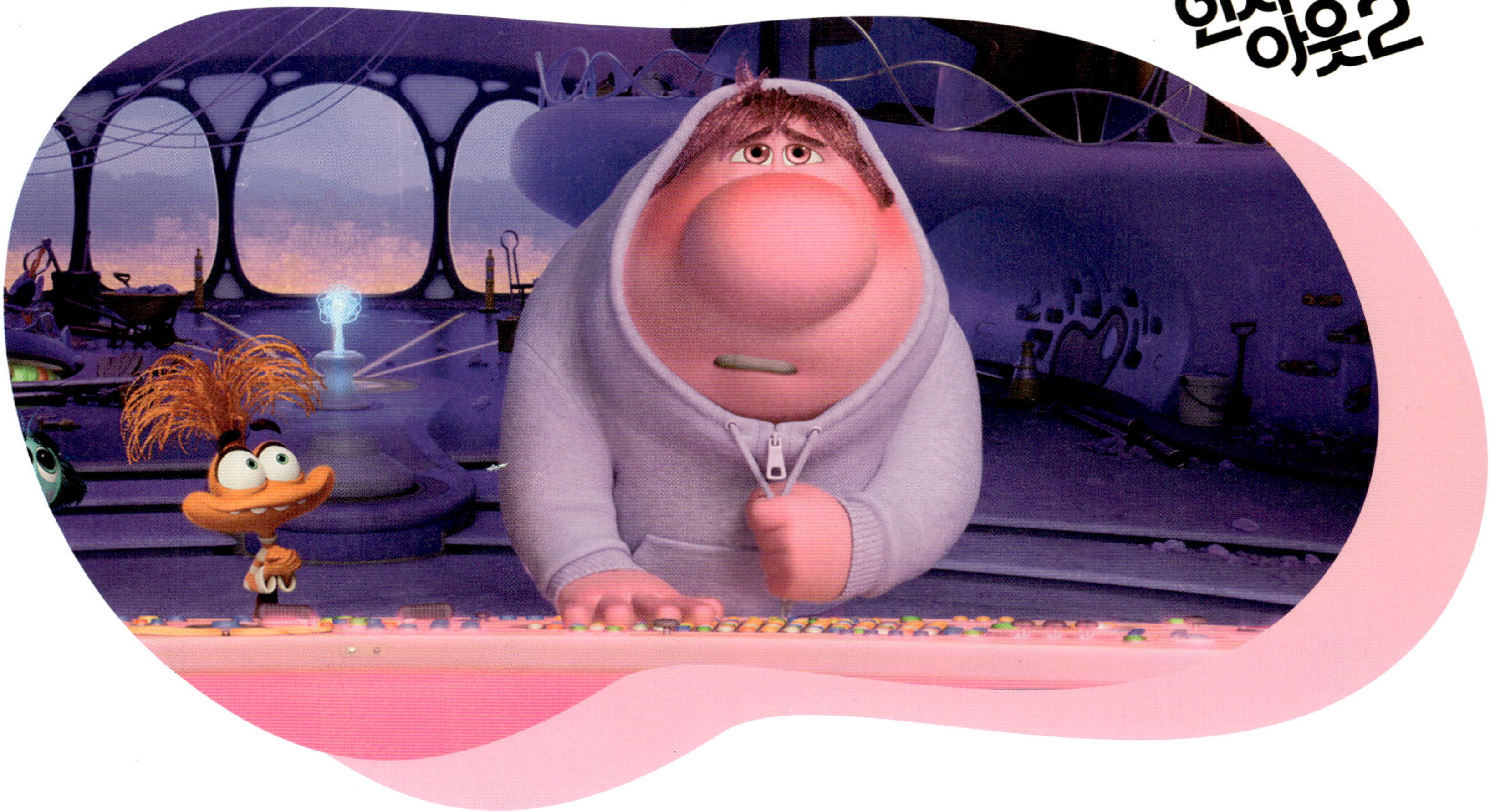

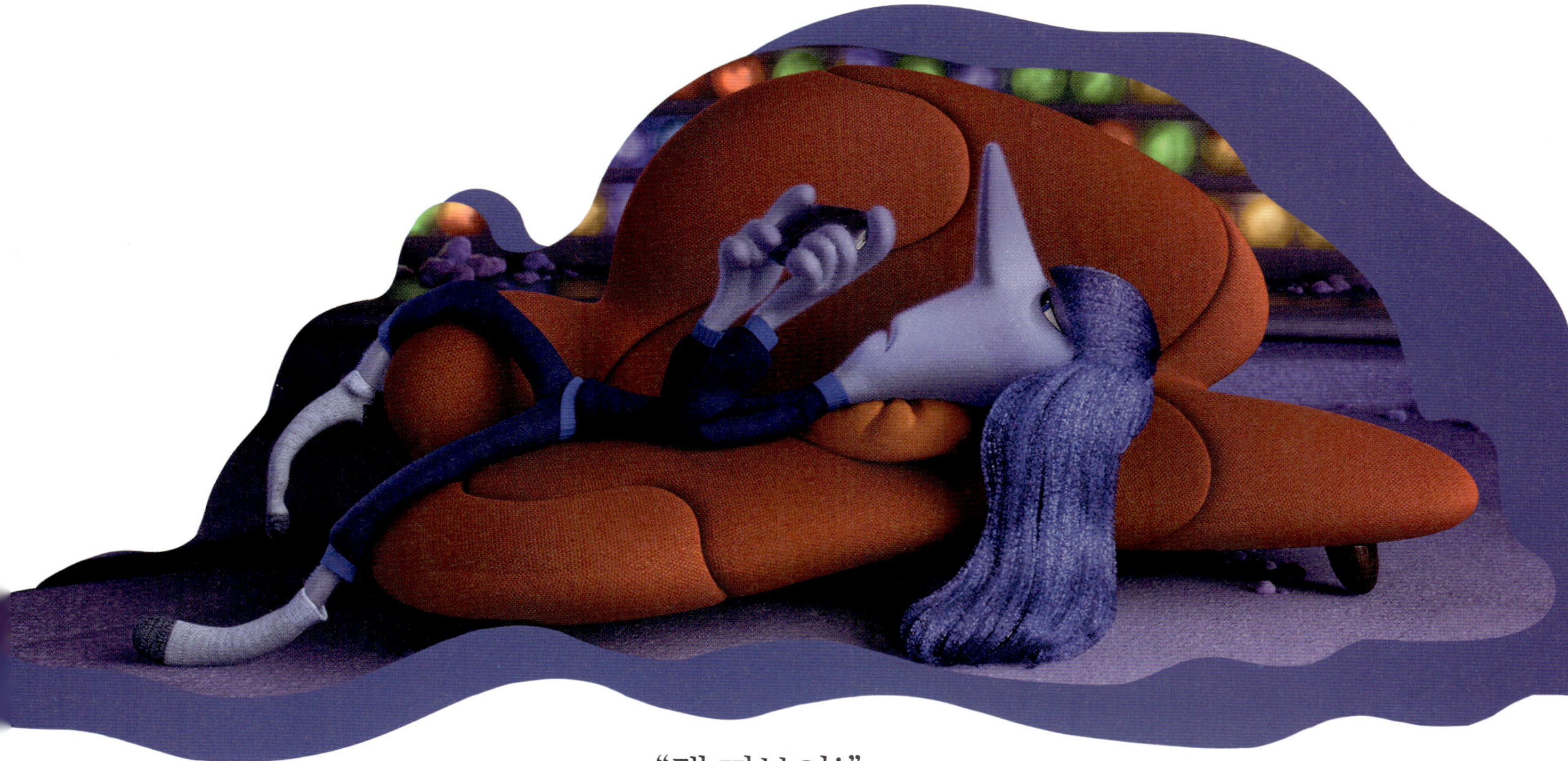

"얜 따분이!"

That's Ennui!

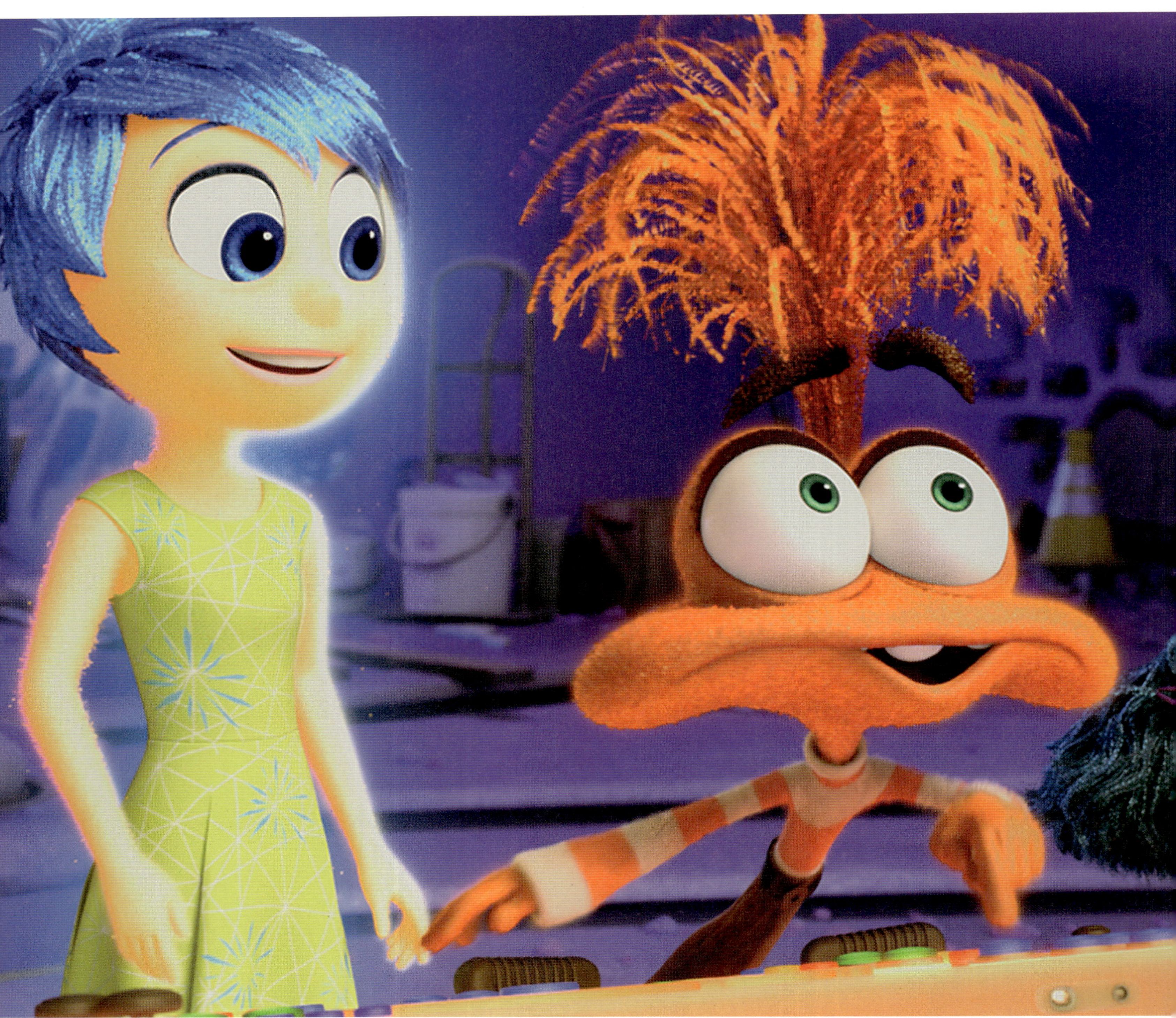

"난 안 보이는 무서운 것들에 대비해. 미래를 계획한다고."
My job is to protect her form the scary stuff she can't see. I plan for the future.

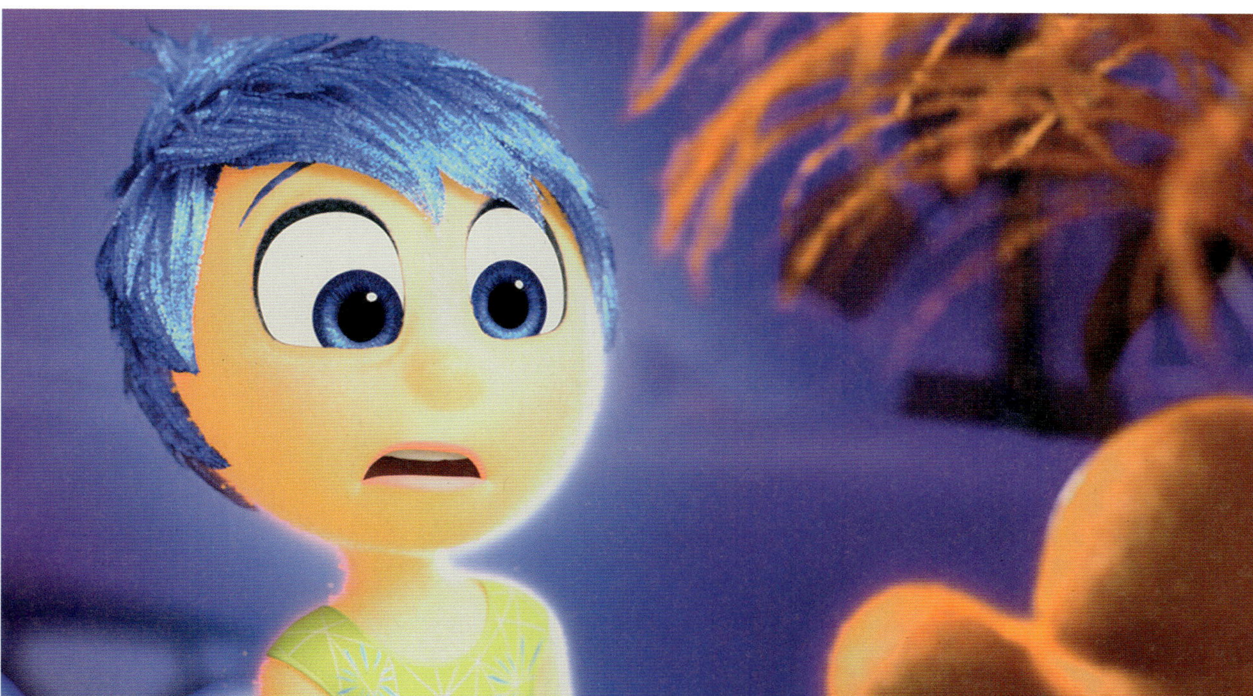
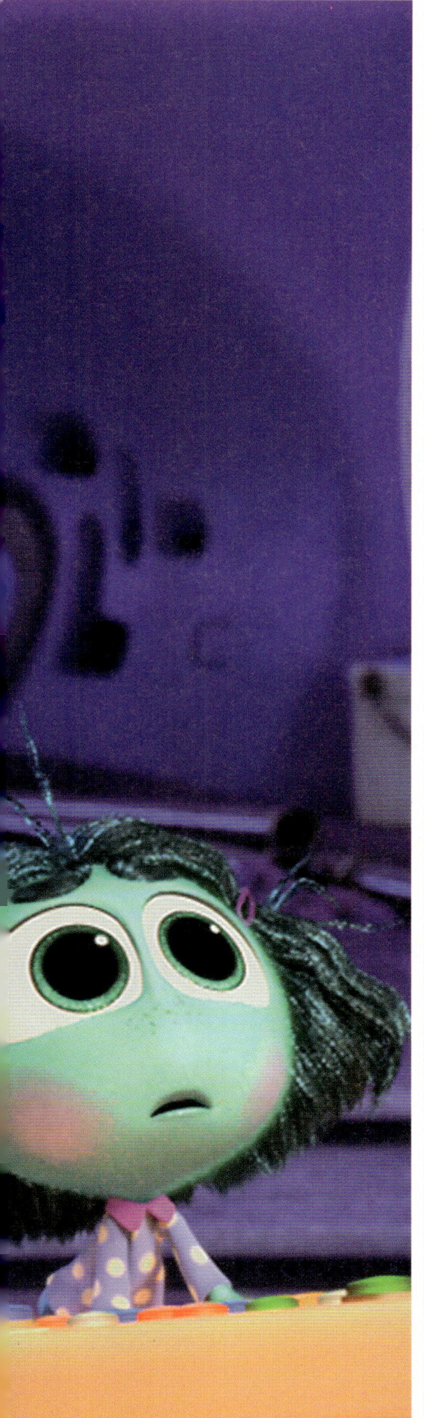
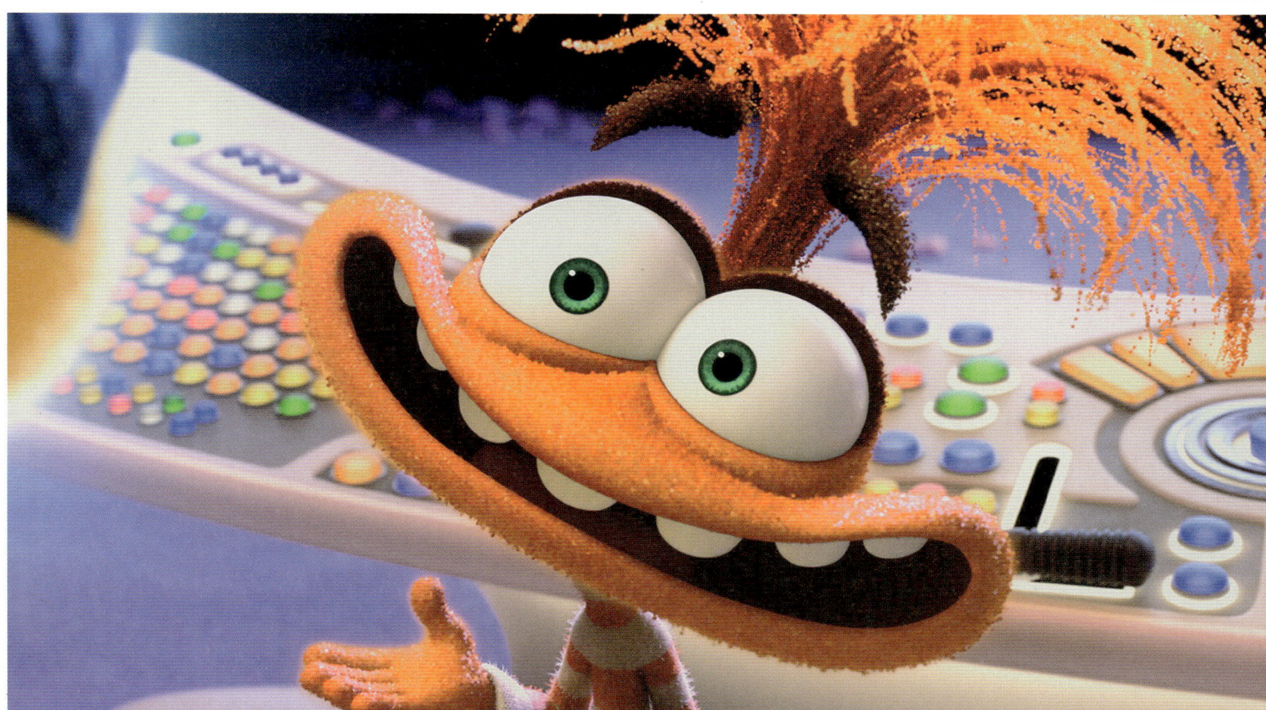

Return to Imagination Land

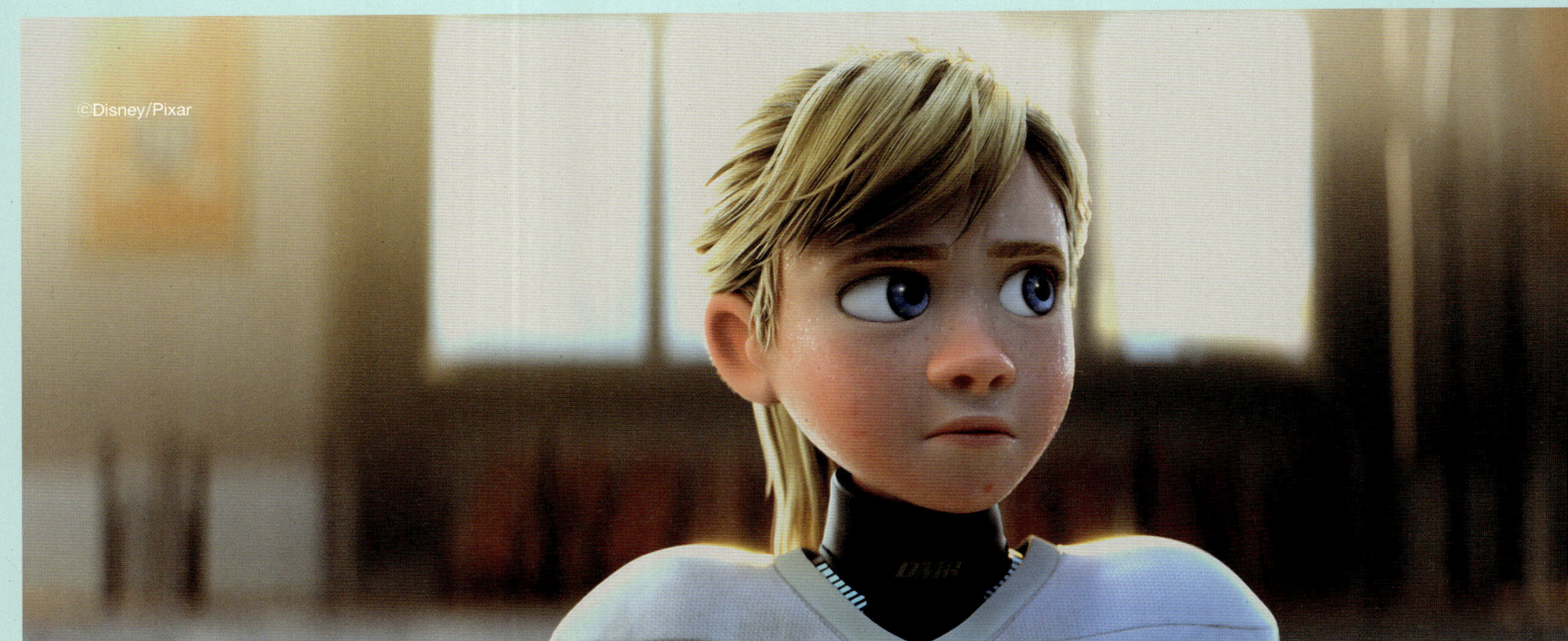

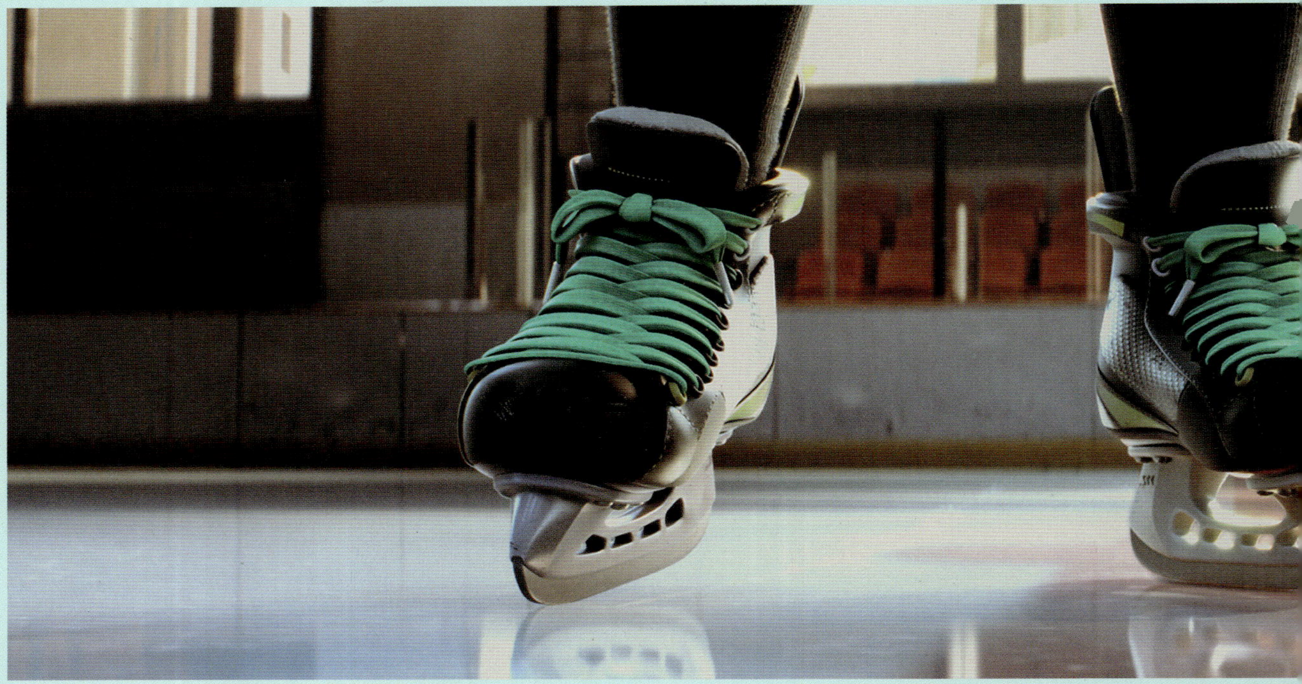

To Project and Disserve

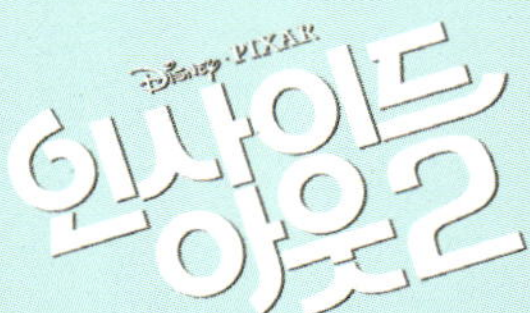

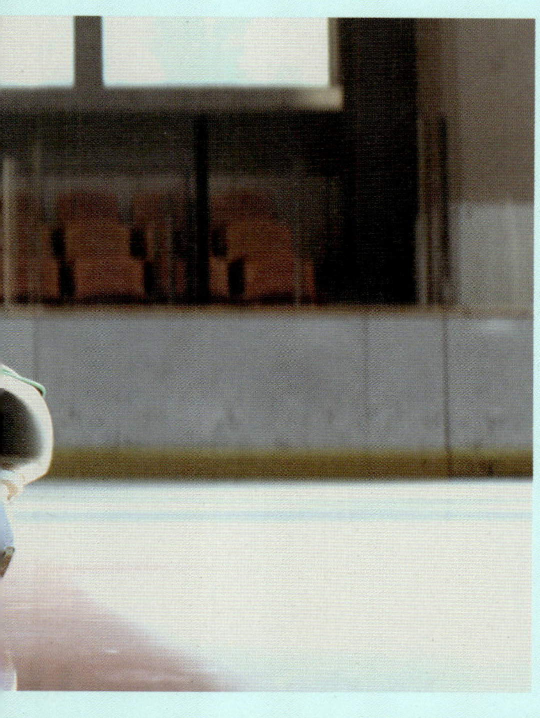

"오래된 건 버리고,
새걸 받아들여야지!"

Out with the old, In with the New!

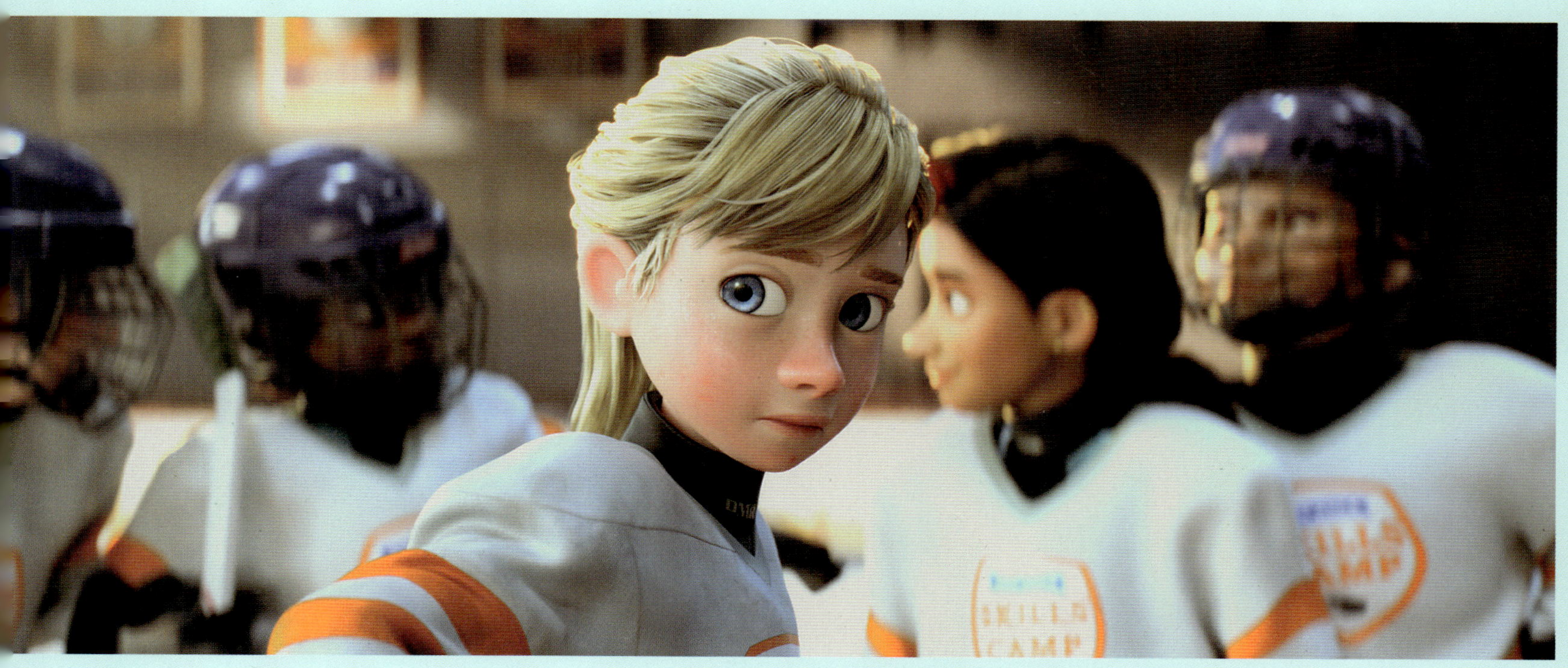

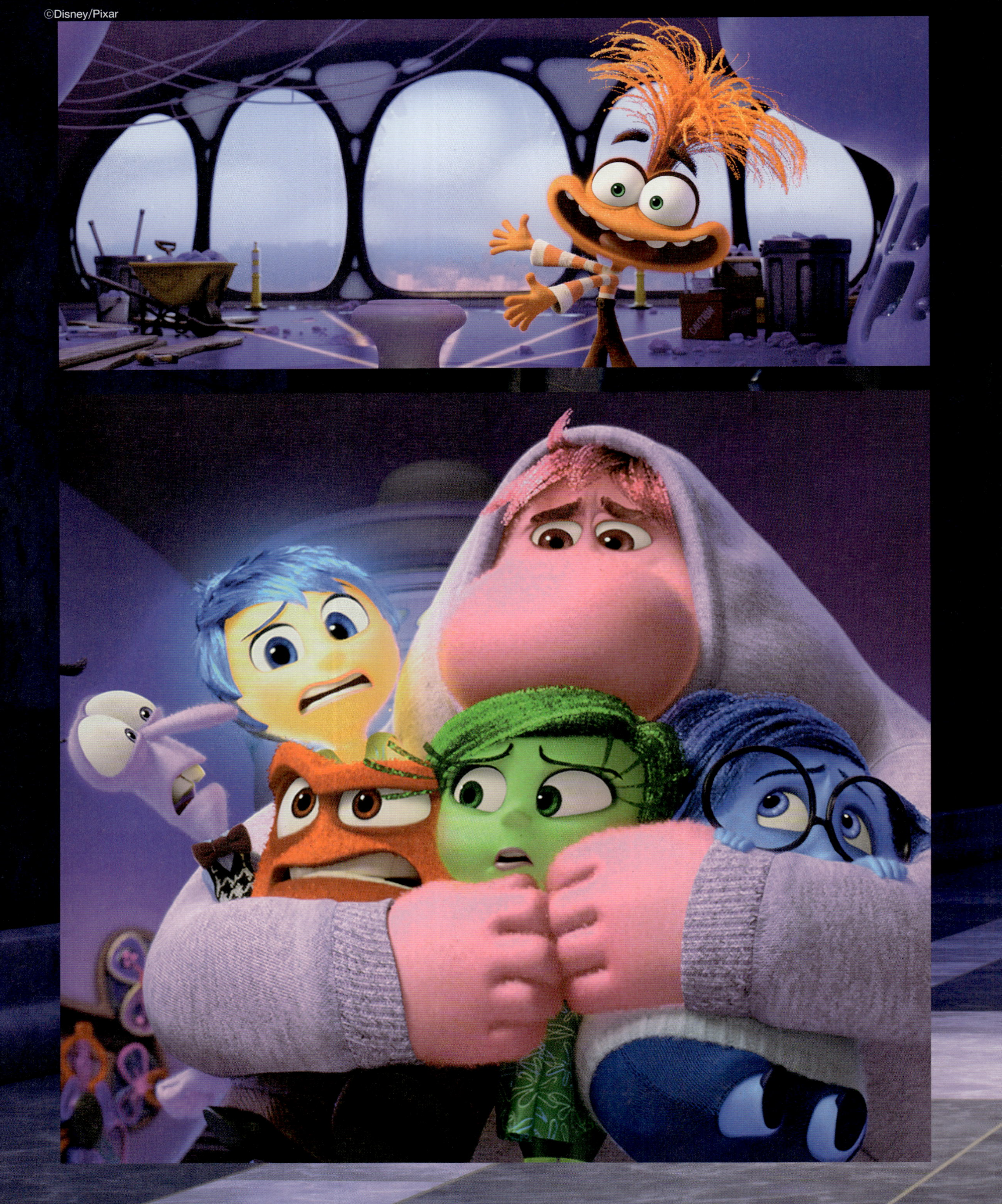

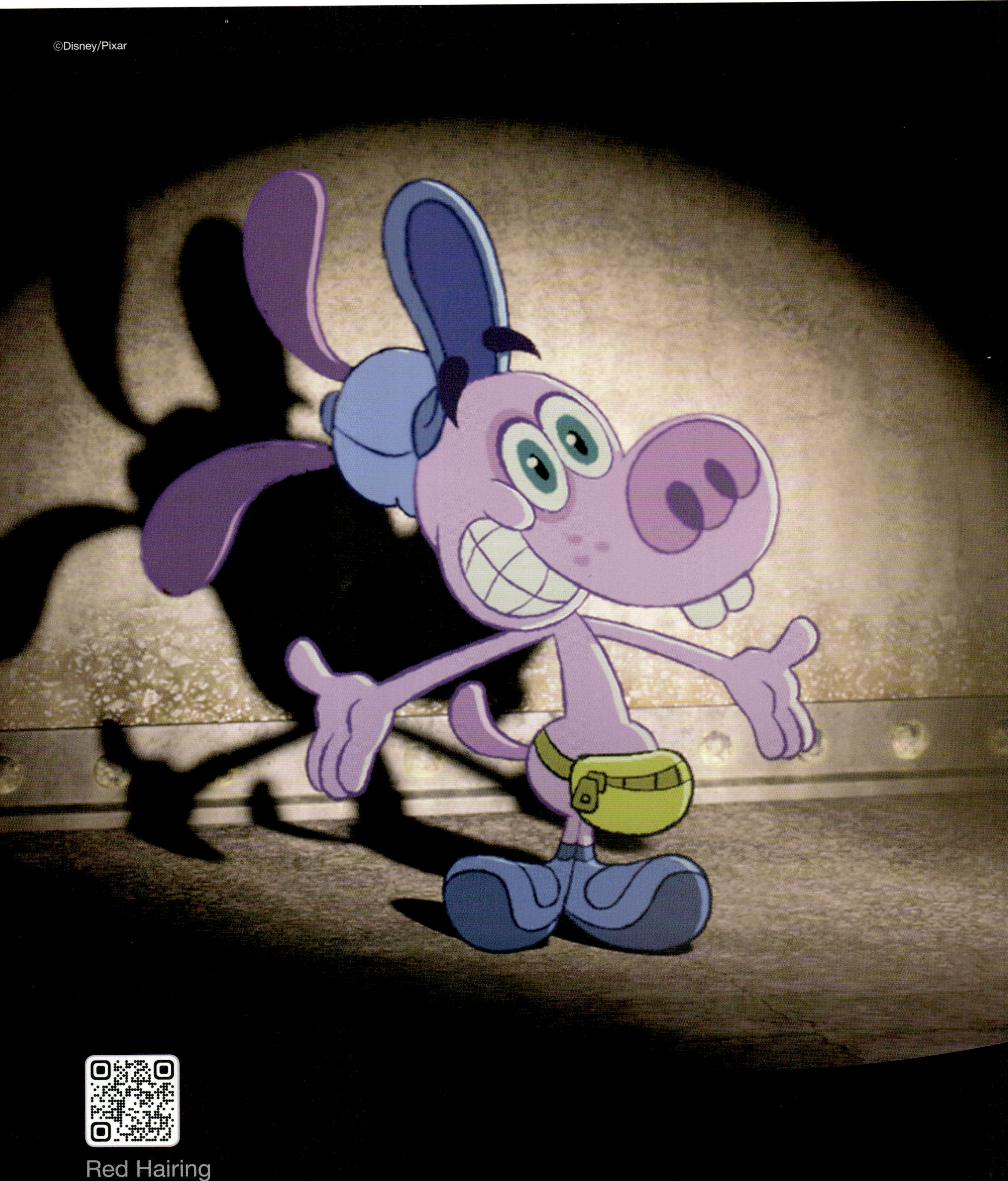

Red Hairing

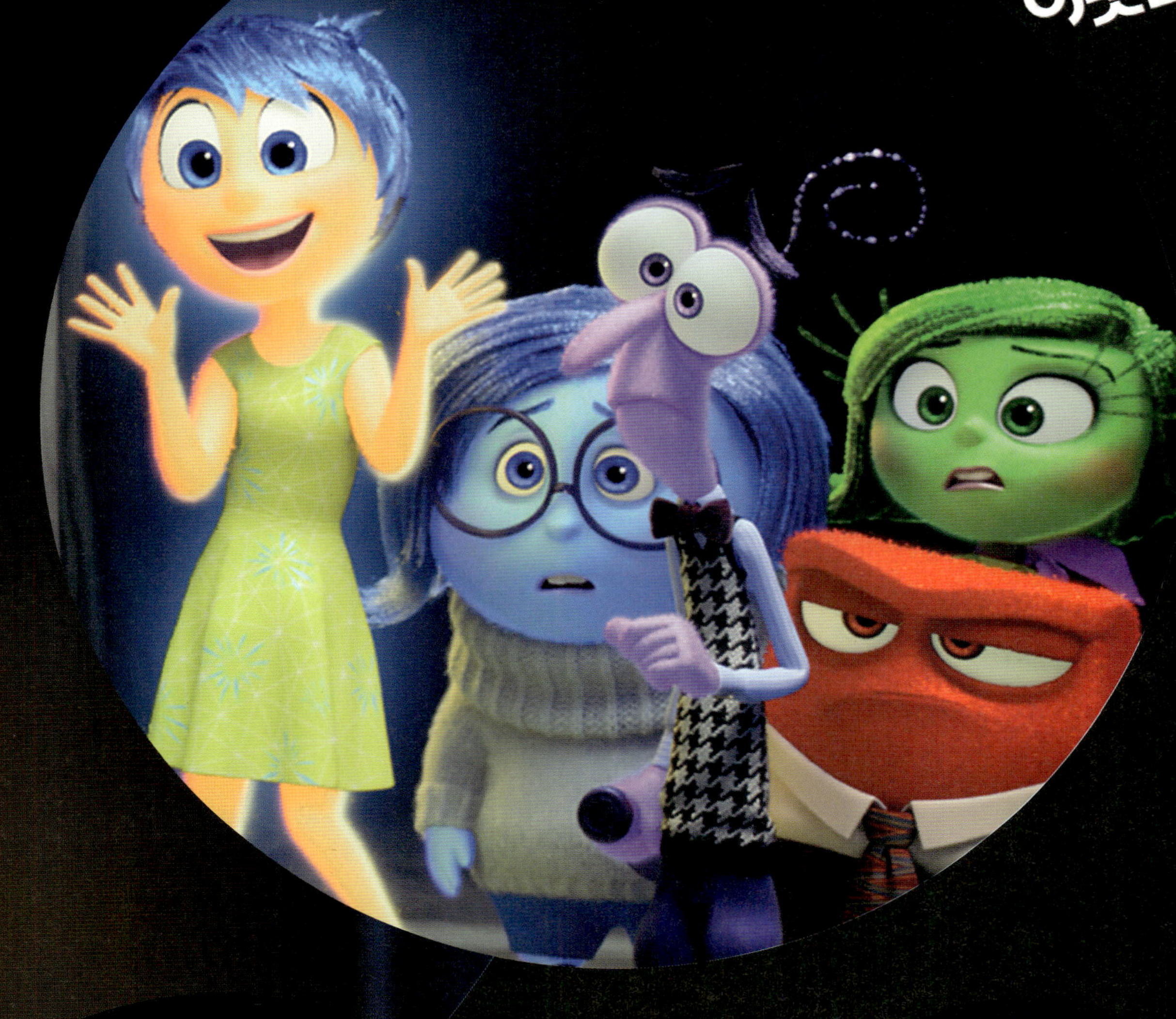
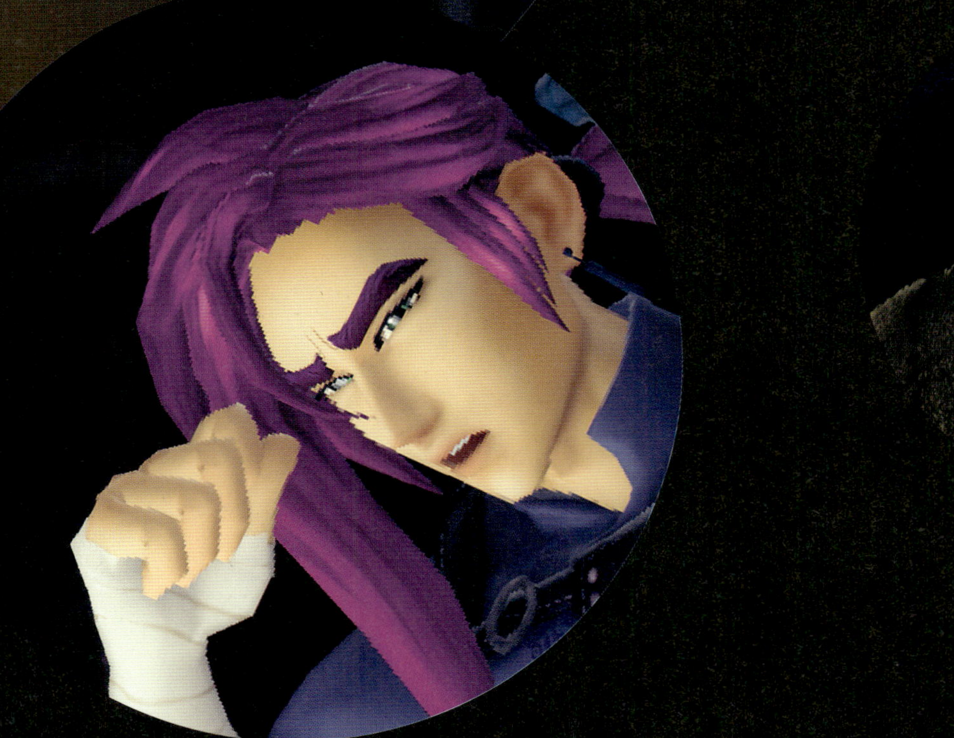
인사이드
아웃2

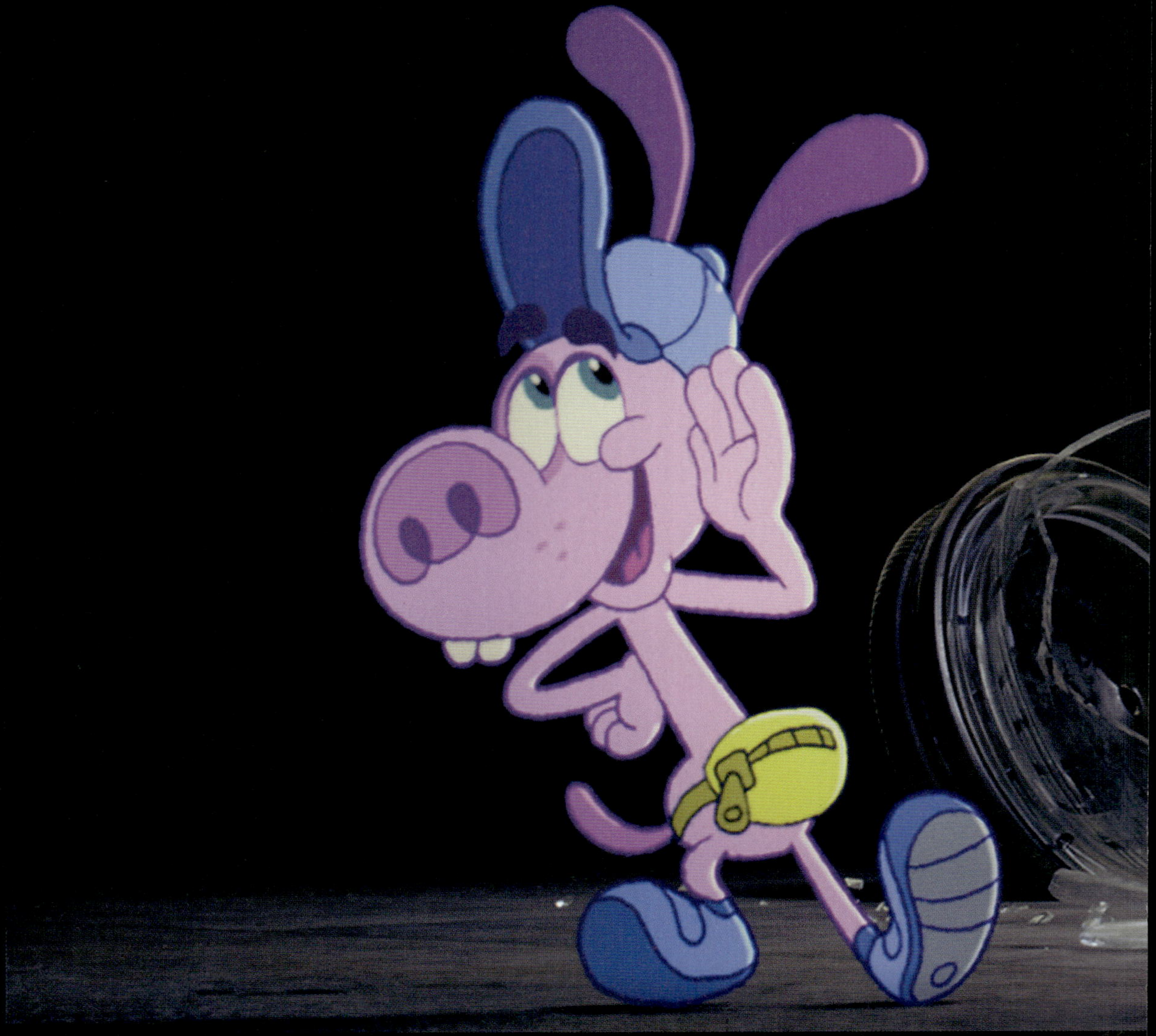

Recovering a Sense of Self

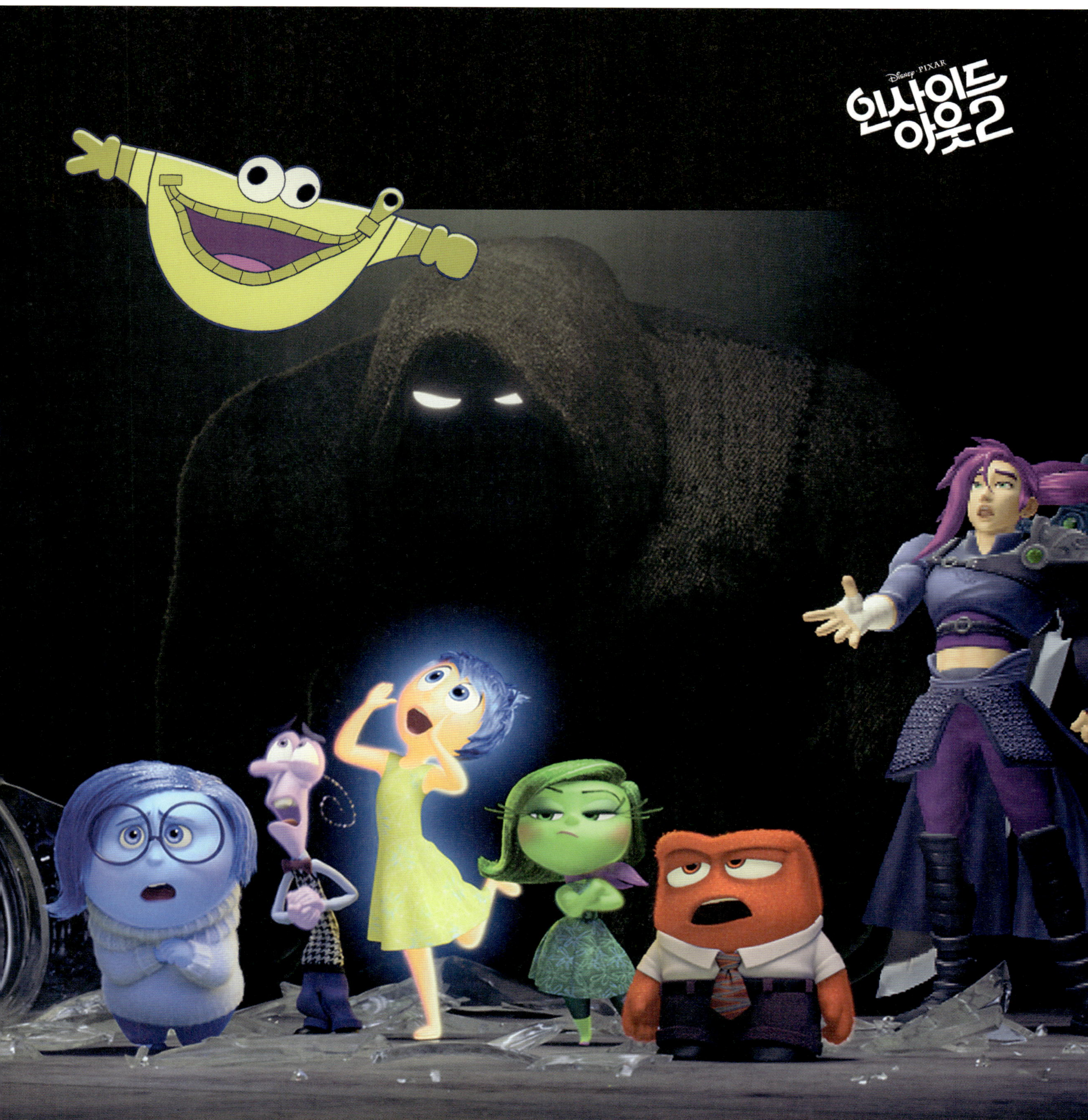

"오! 파우치!"
Oh! pouch!

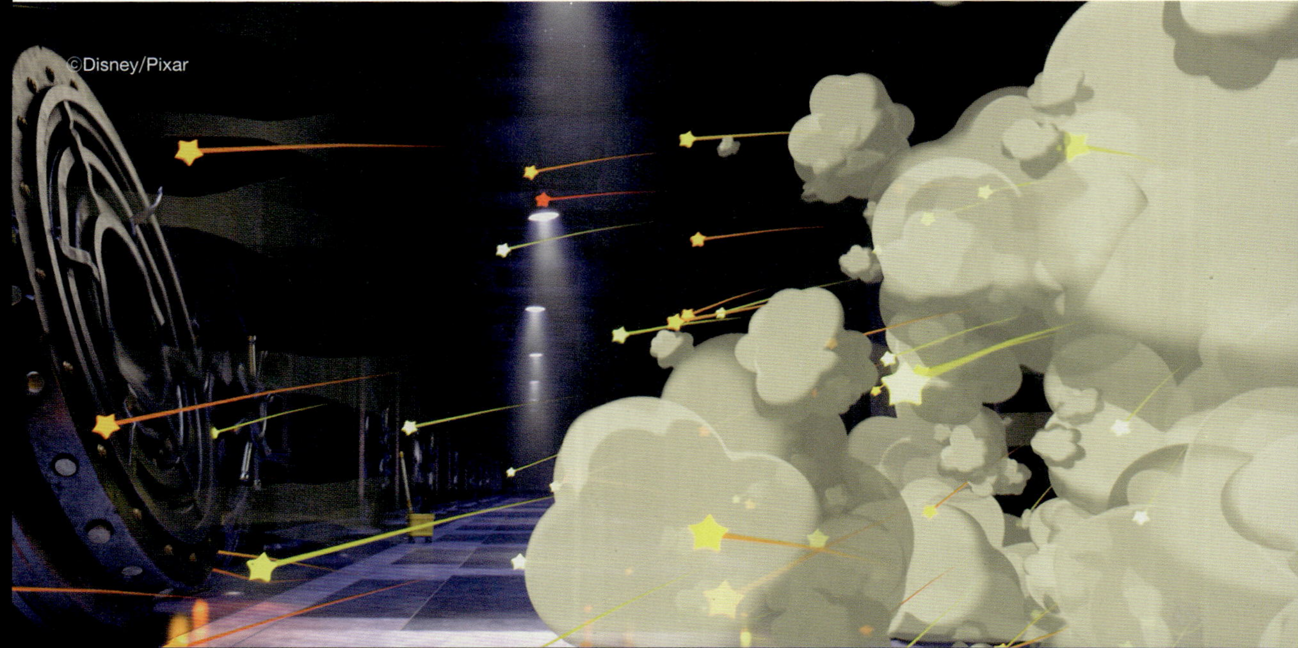

Joyless

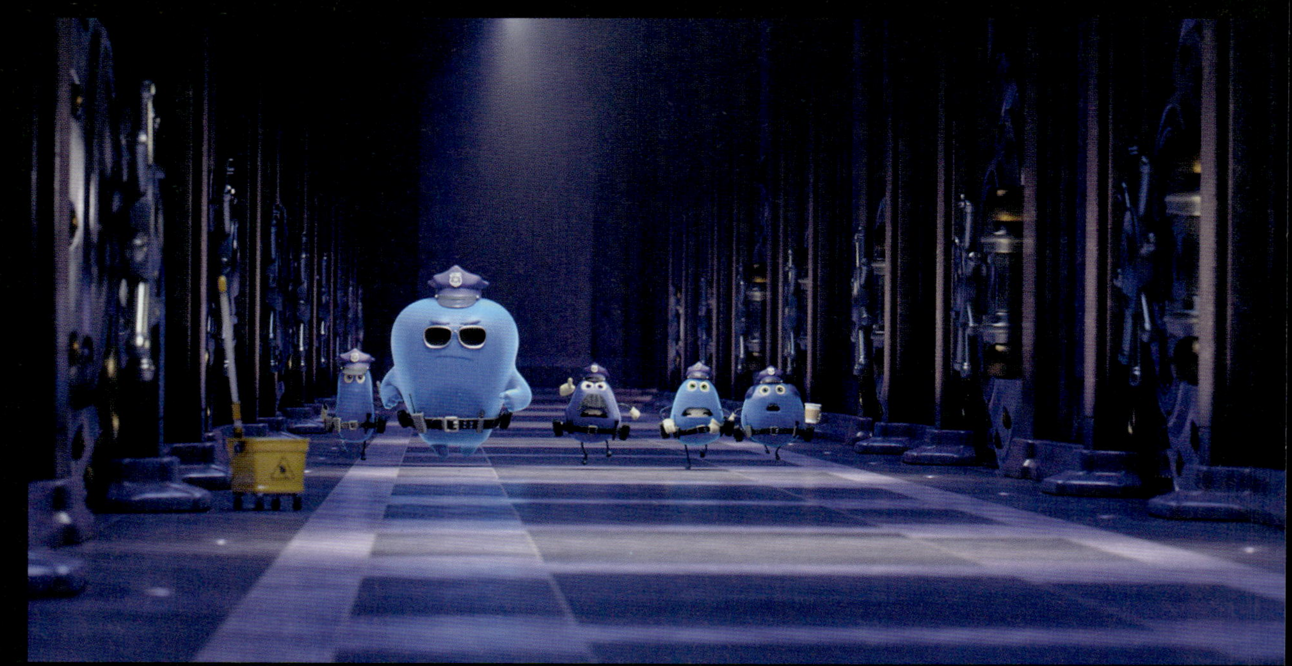

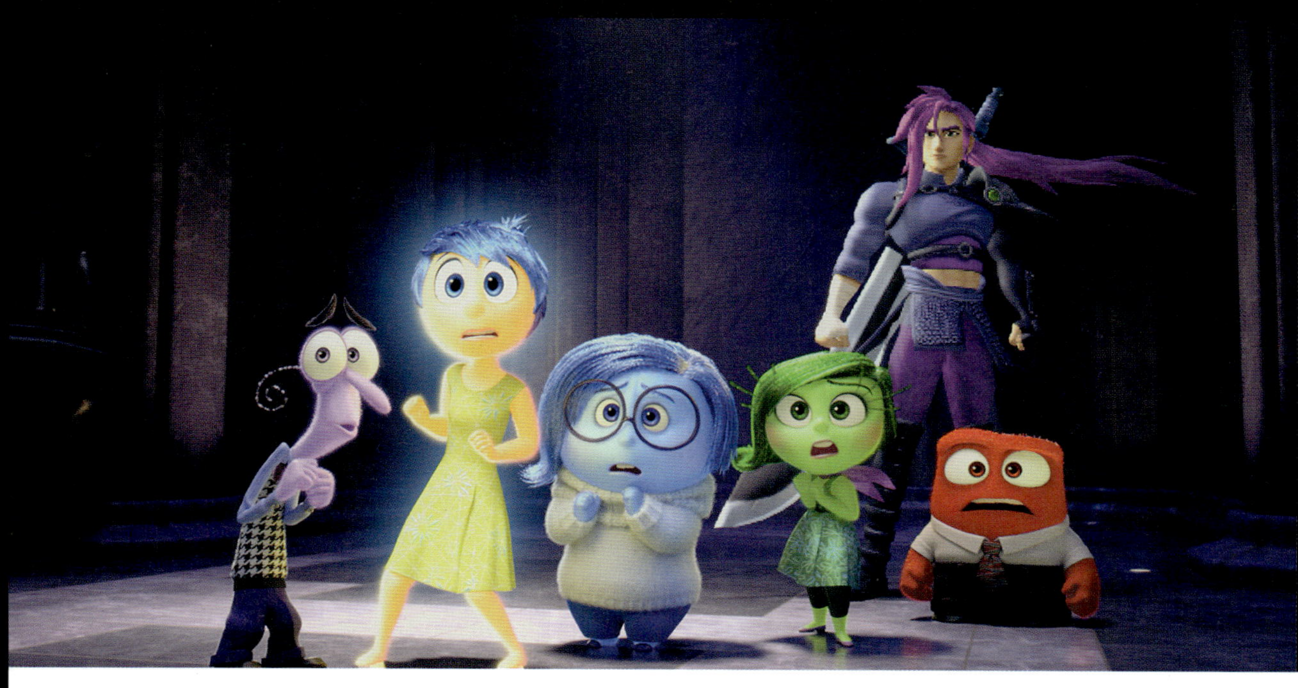

"서둘러!
라일리는
우리가 필요해."

Come on!
Riley needs us.

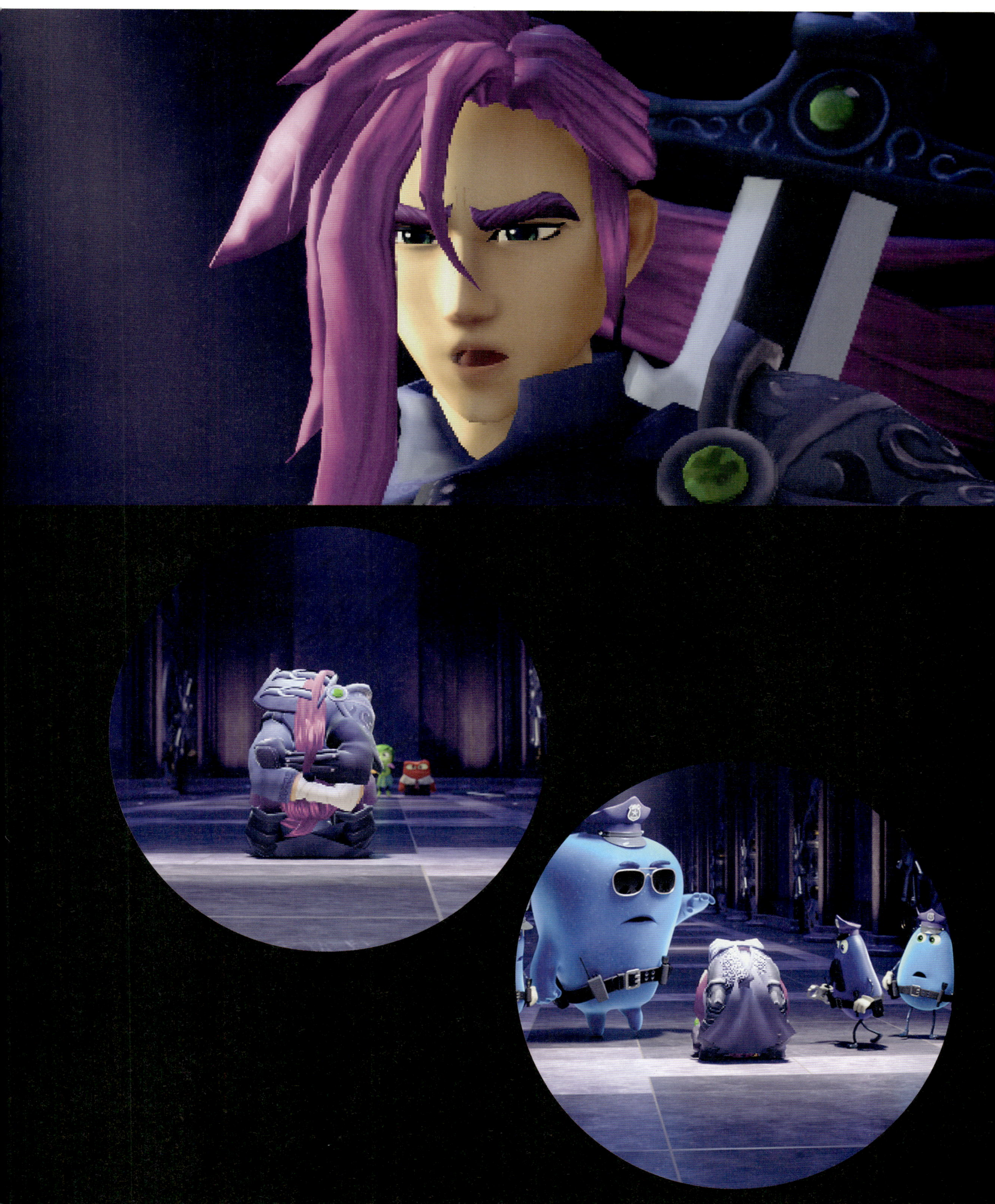

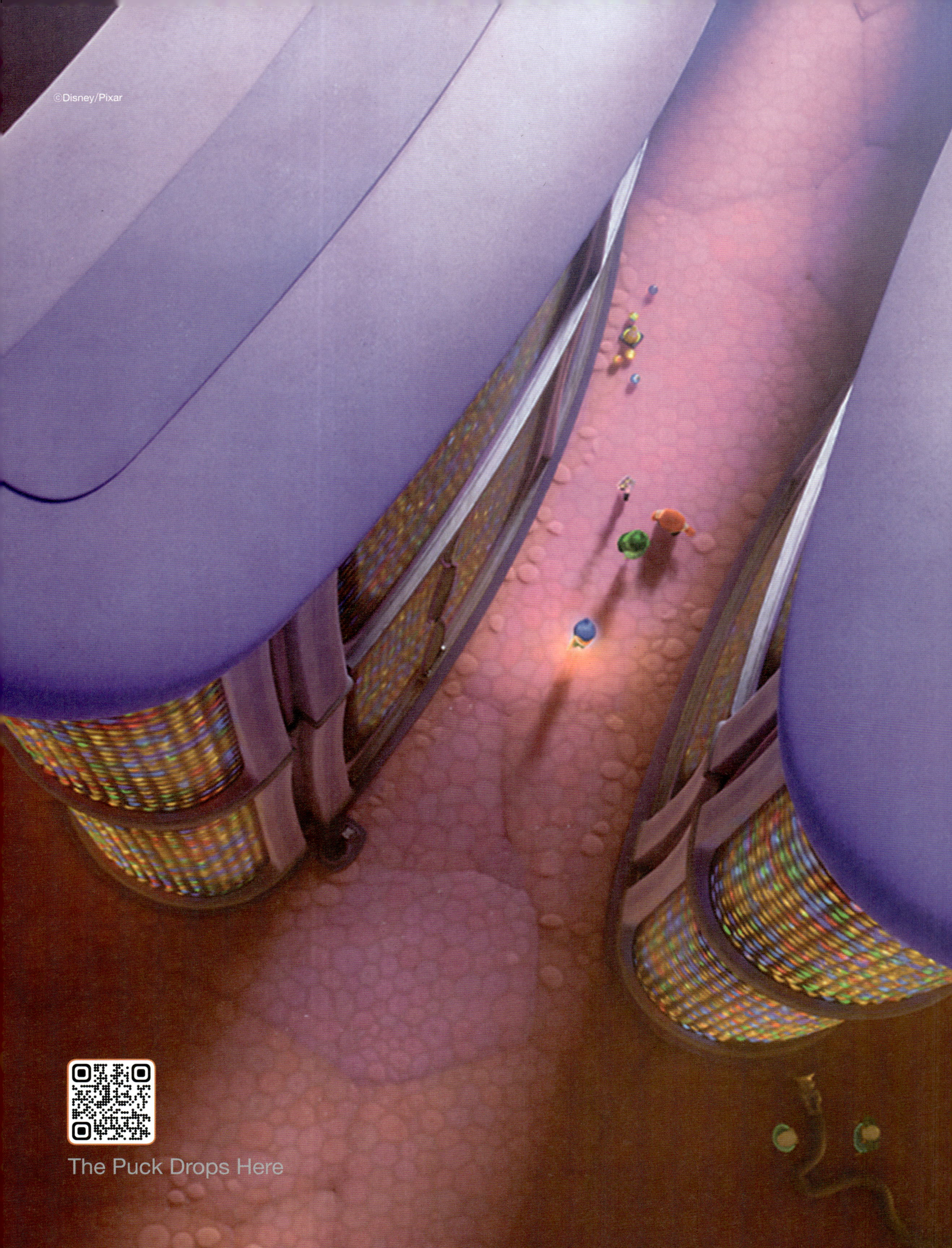

©Disney/Pixar
The Puck Drops Here

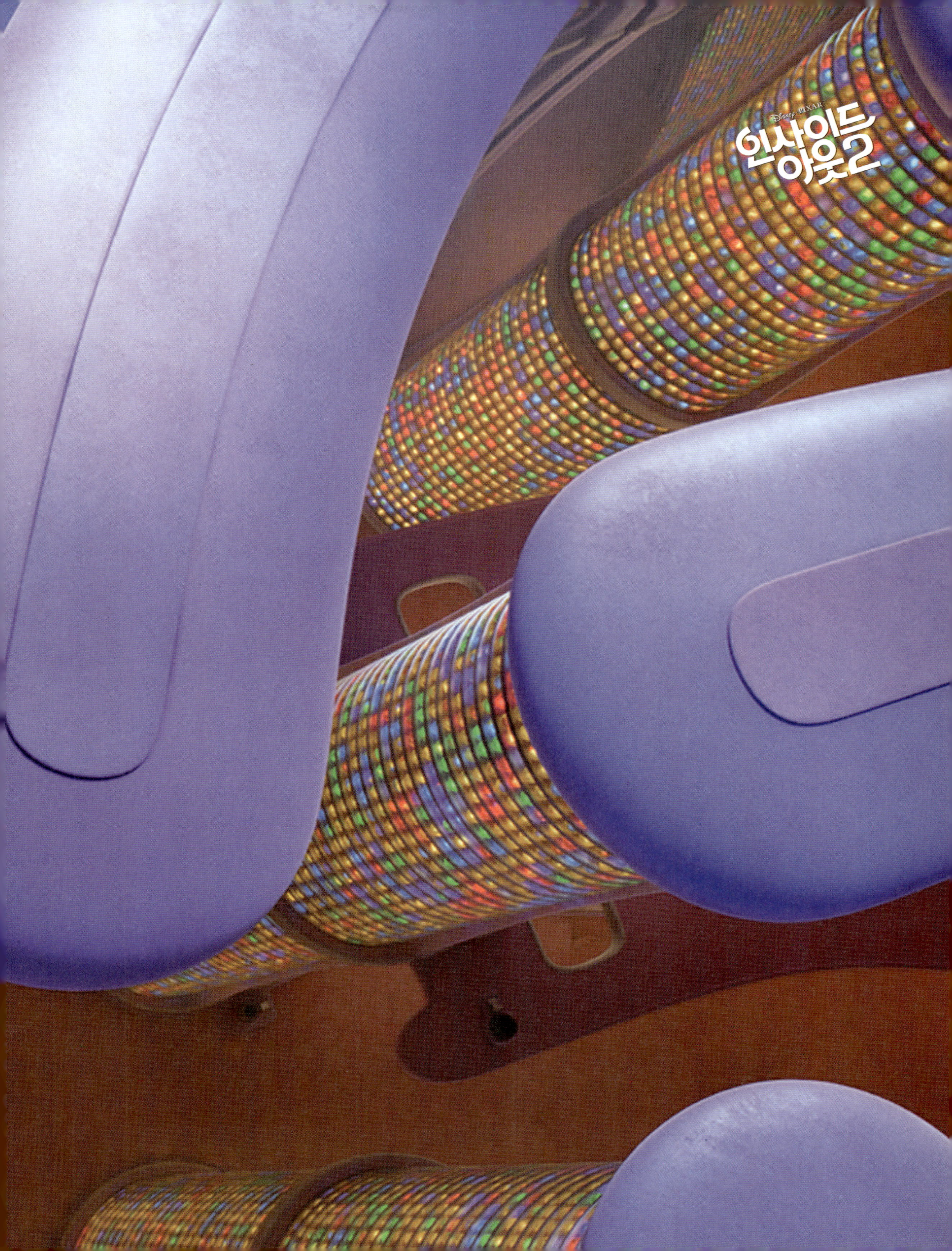

Disney · PIXAR
인사이드
아웃 2

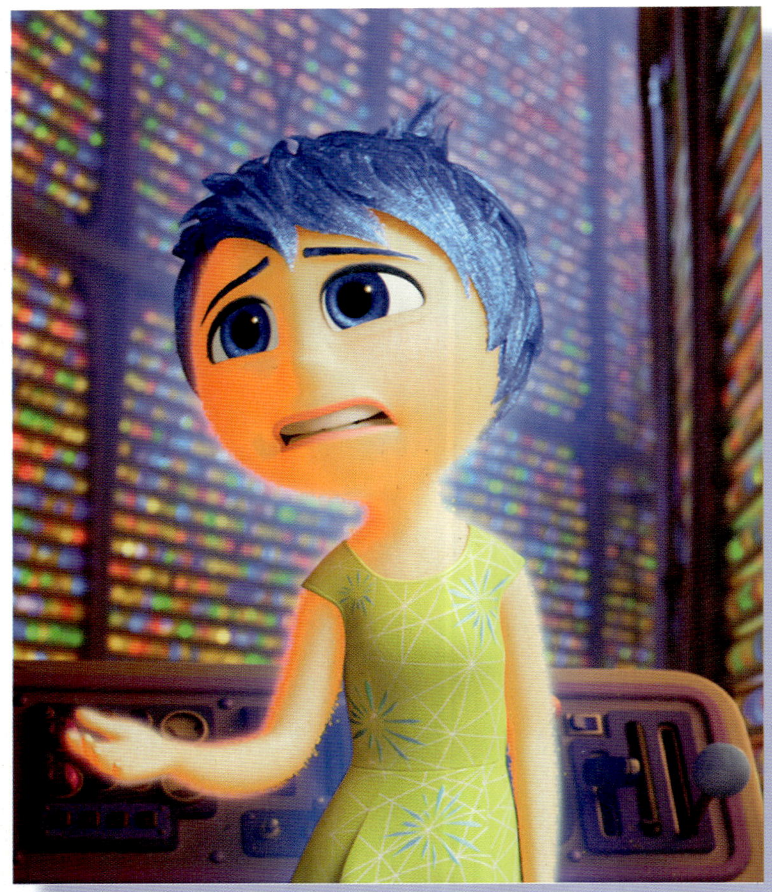

"불안이 말이 맞아.
라일리는 이제 우리보단
걔네가 더 필요한 거야."

Anxiety is right.
Riley dosen't need us
as much as she needs them.

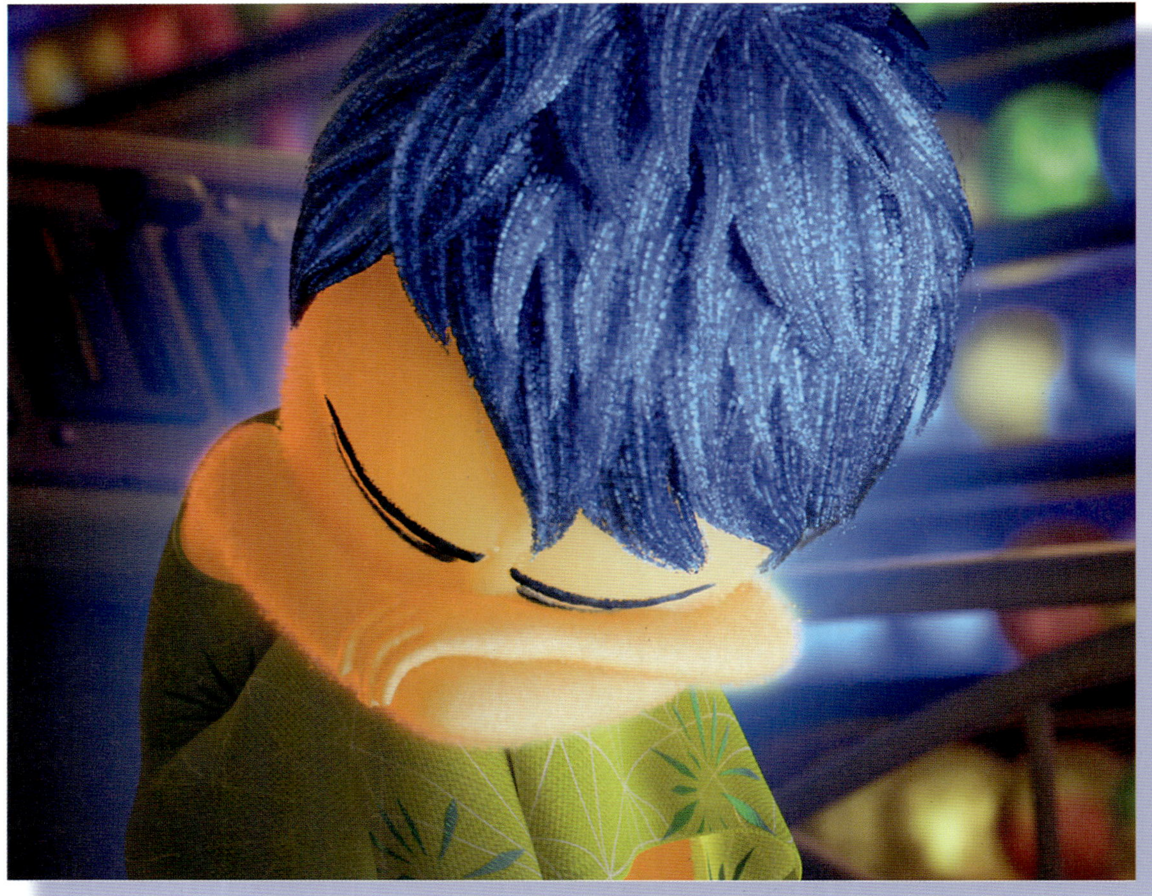

A Mind at Freeze

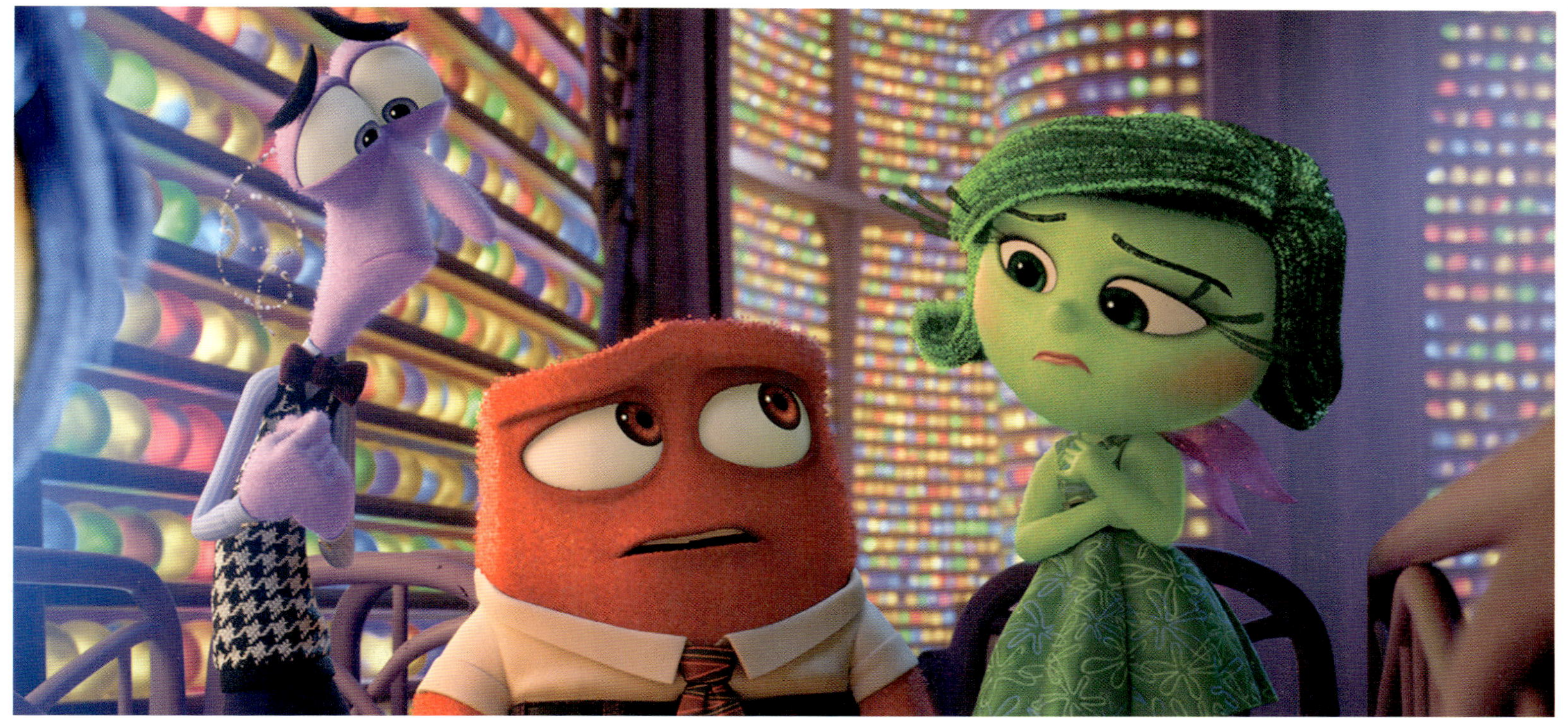

Disney·PIXAR
인사이드
아웃2

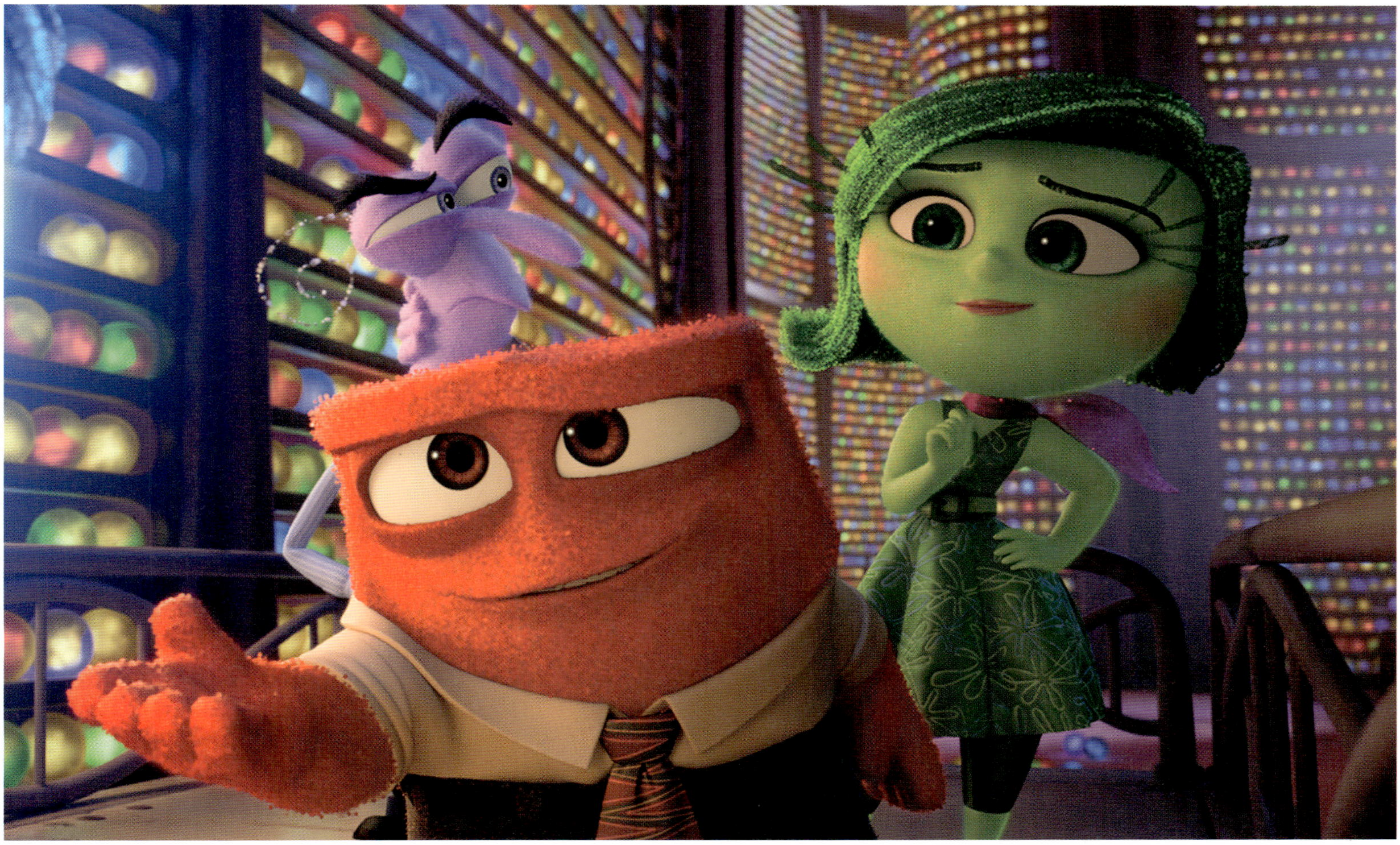

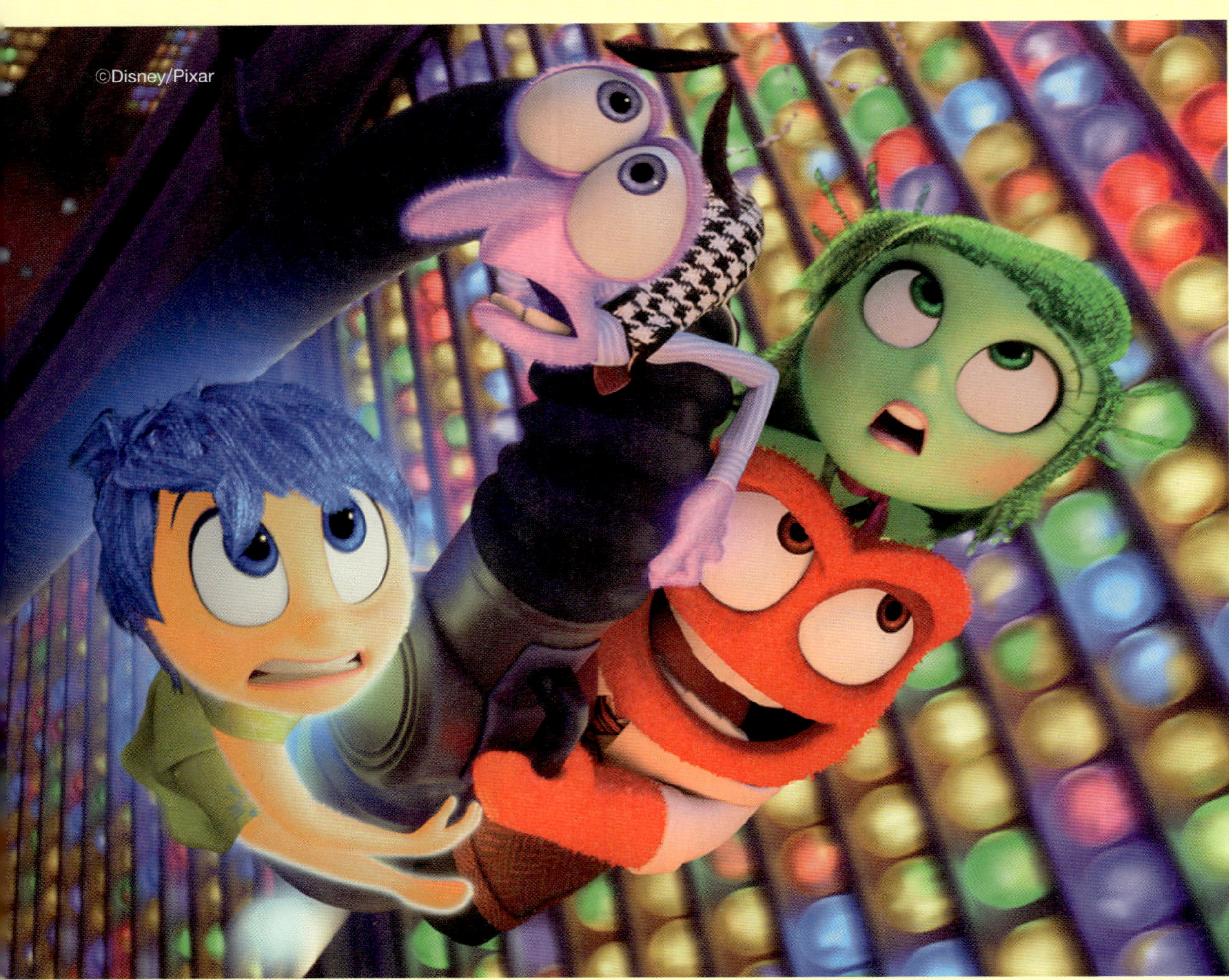

Growing Up Is
Hard to Do

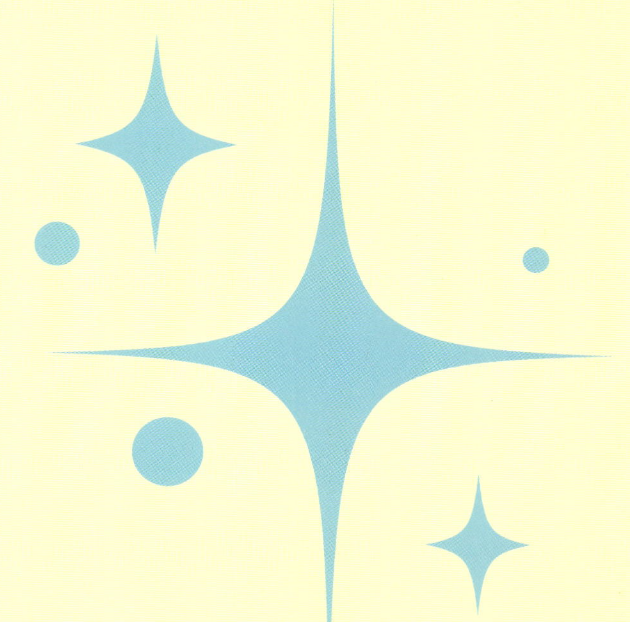

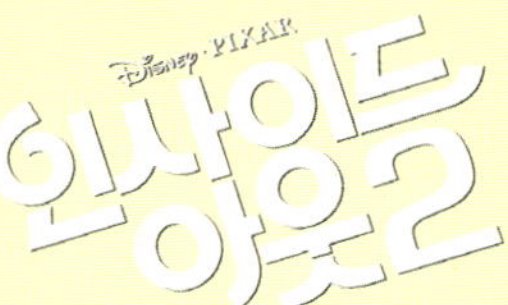

Disney · PIXAR
인사이드 아웃 2

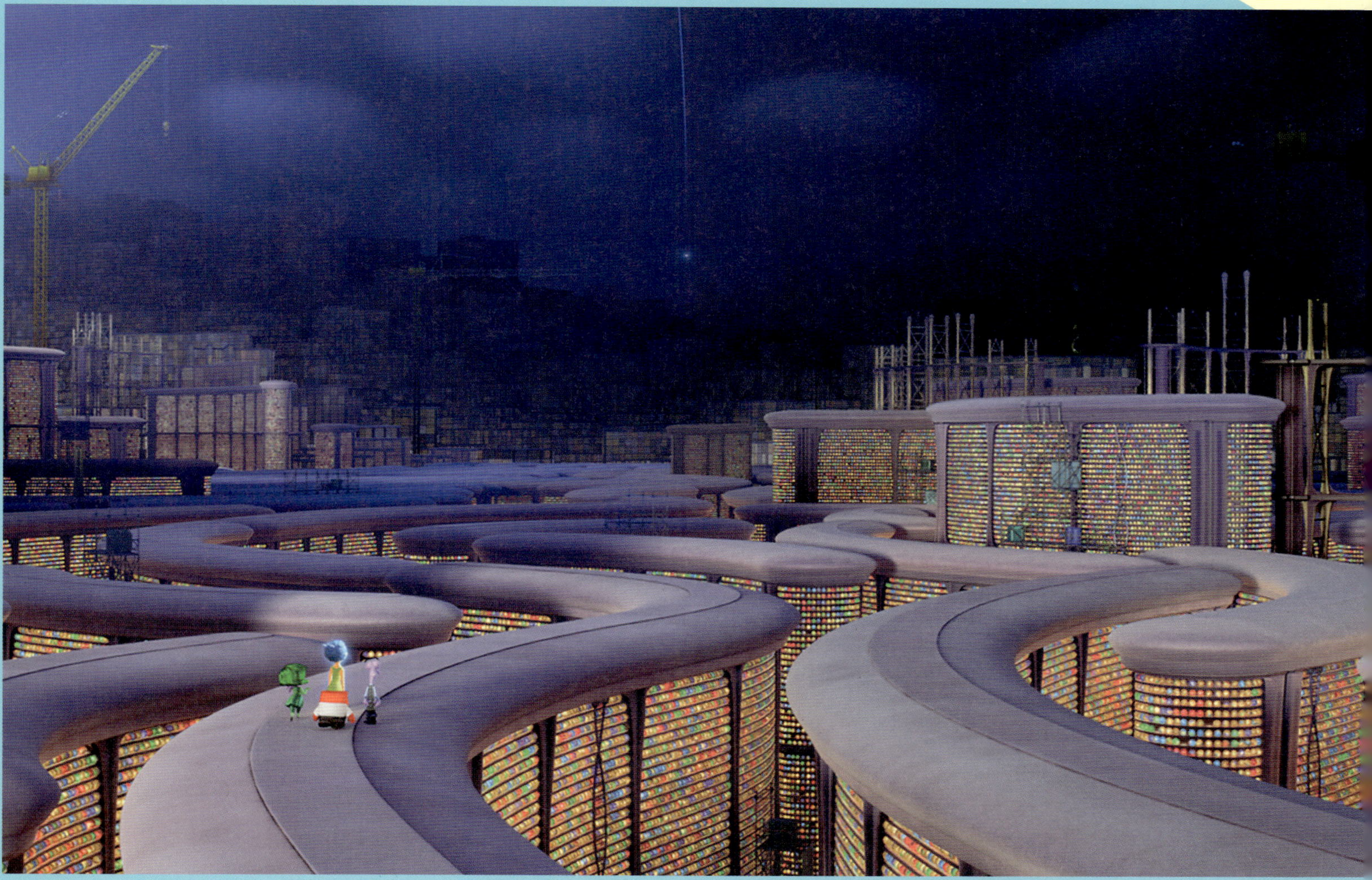

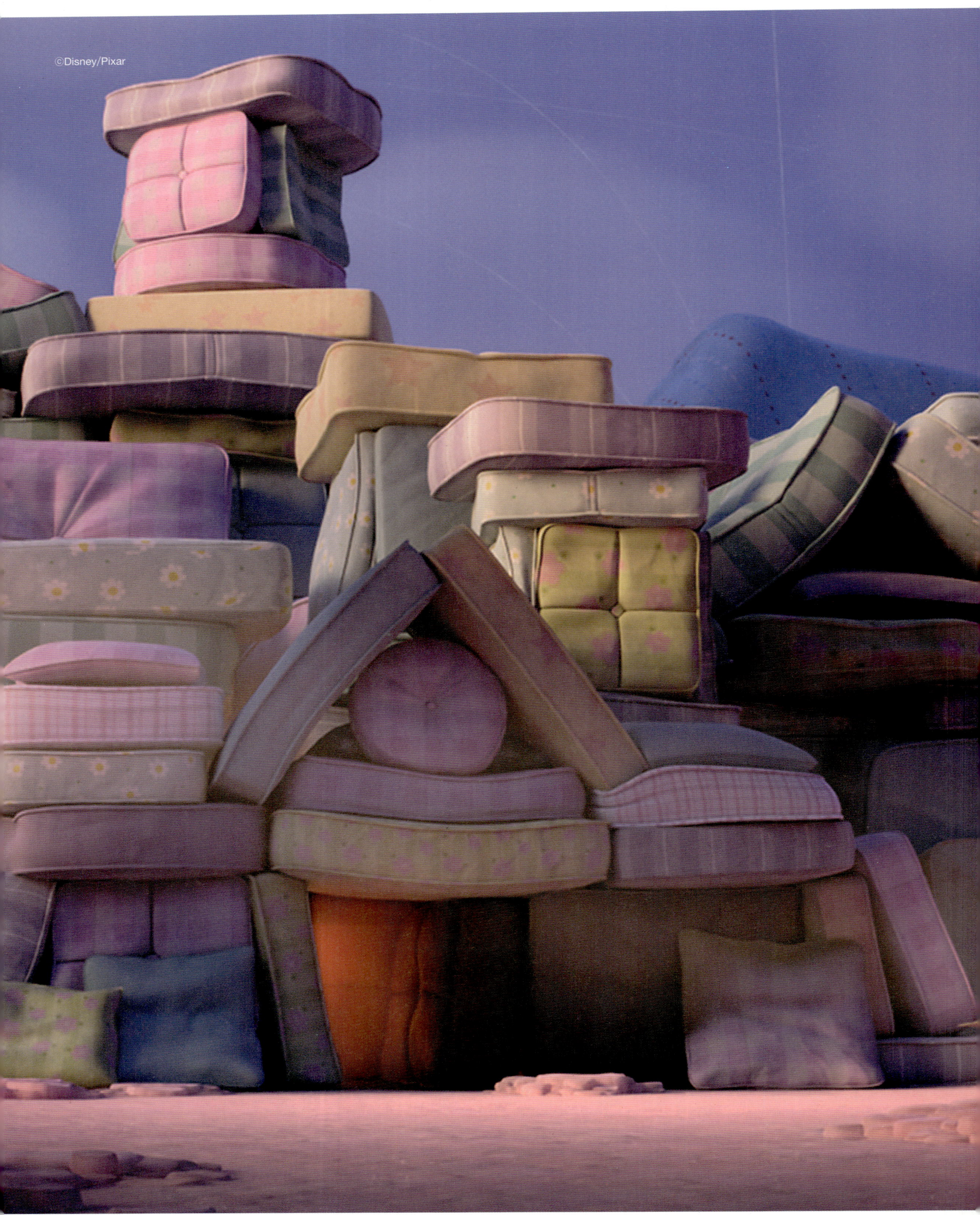
©Disney/Pixar

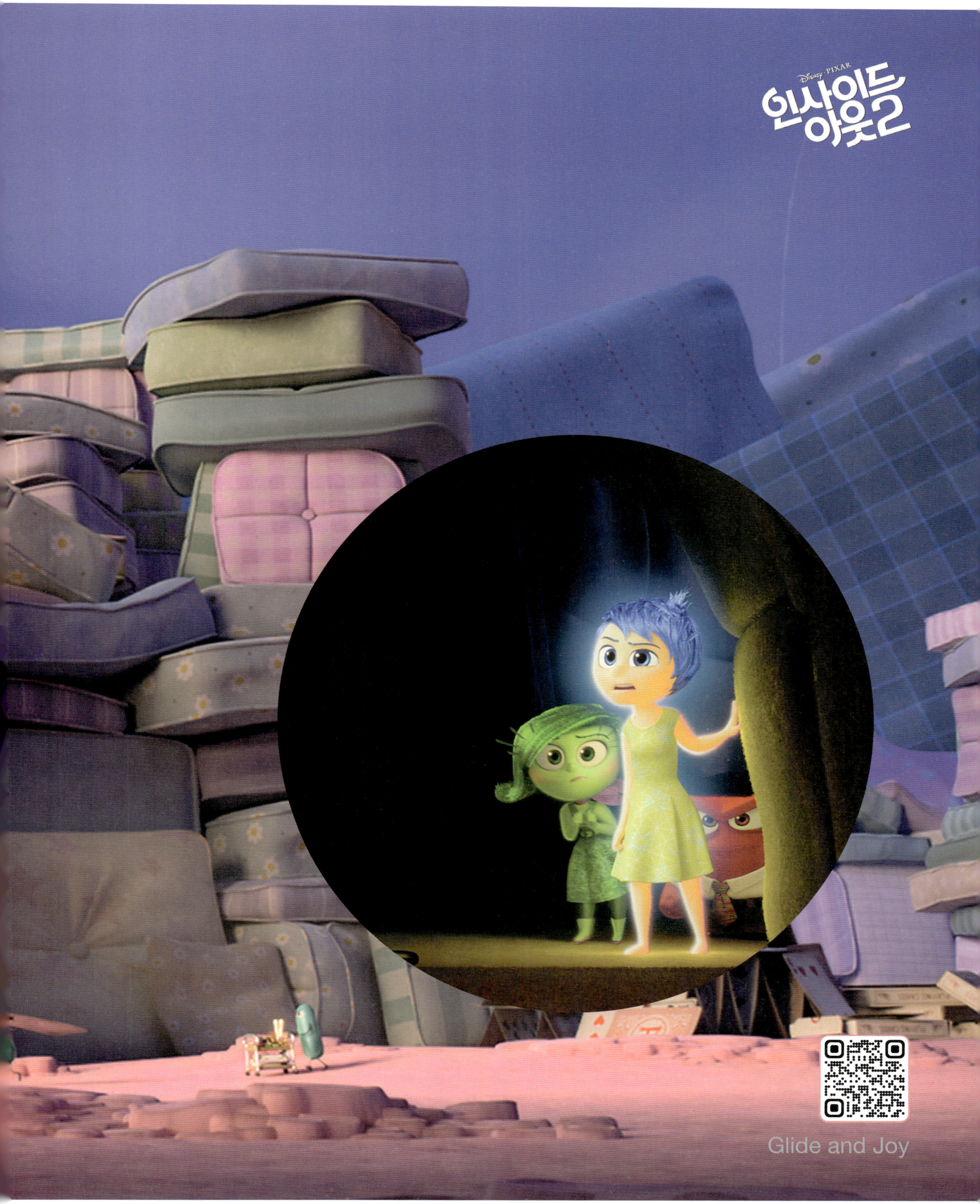

Glide and Joy

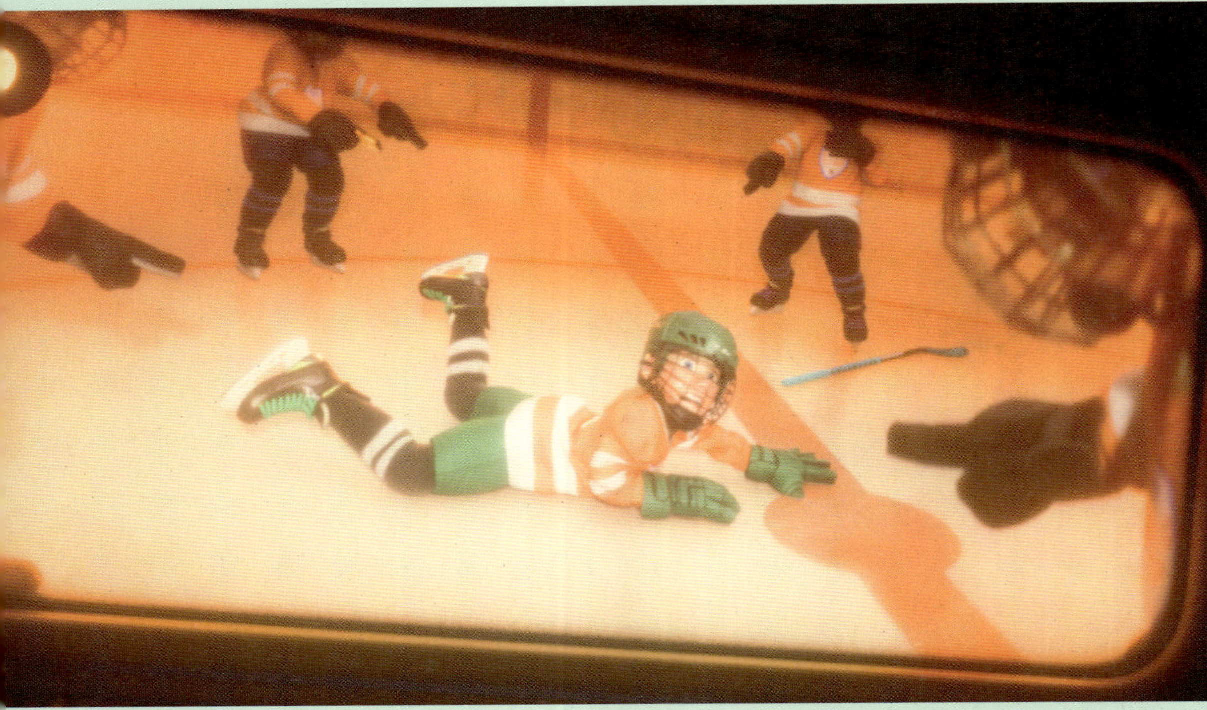

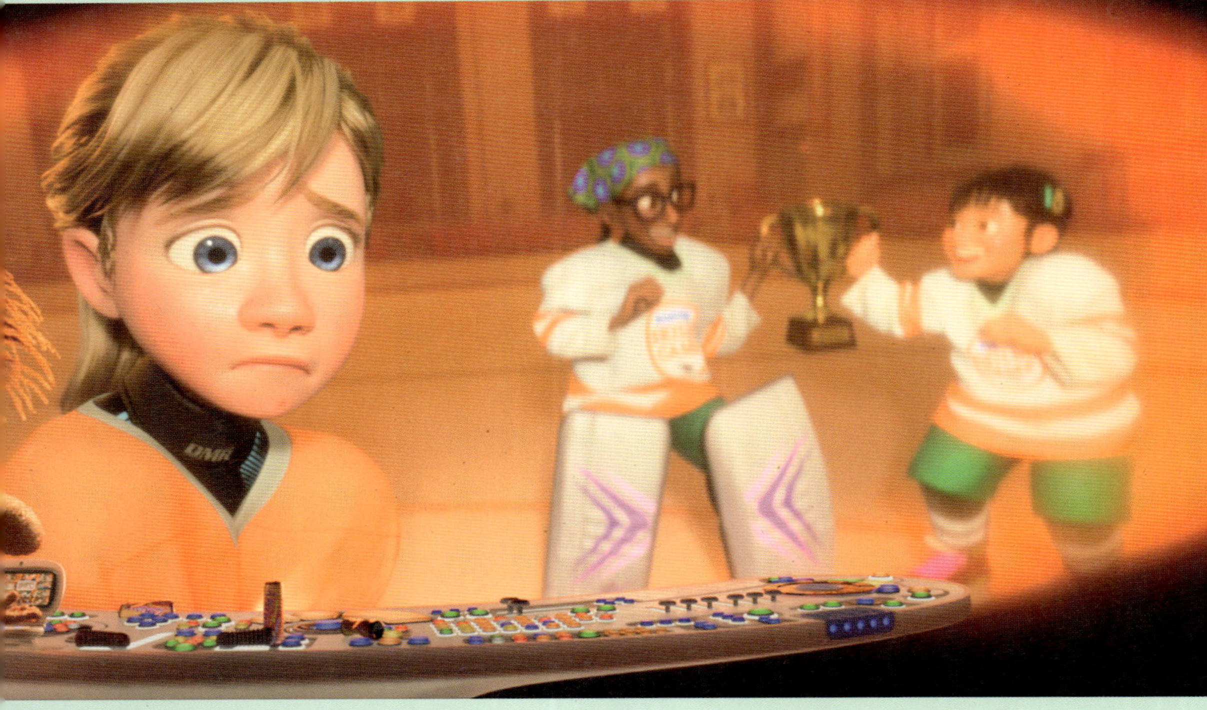

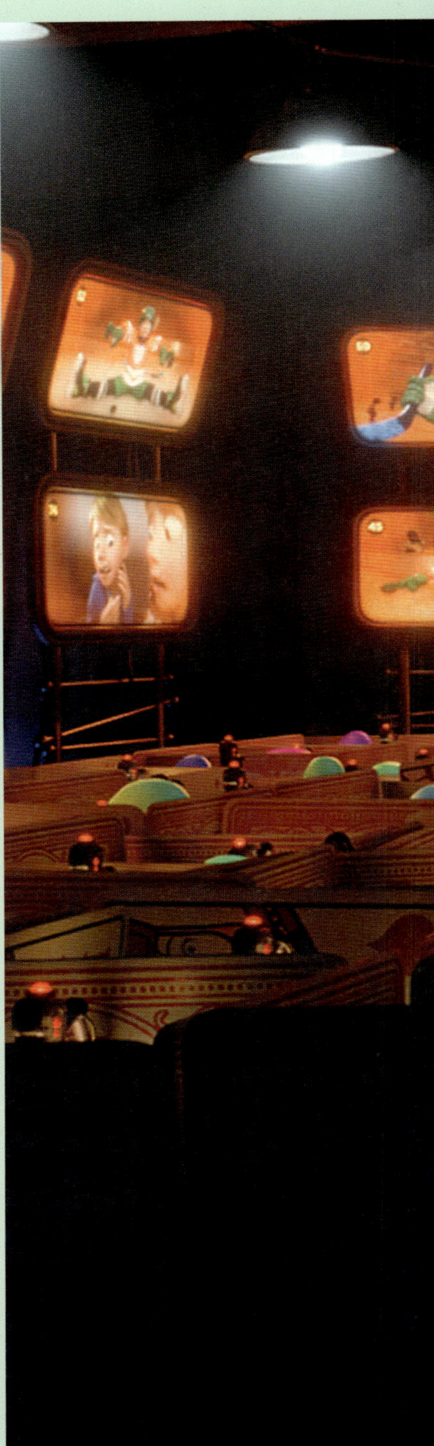

Every Messy, Beautiful Part of Her

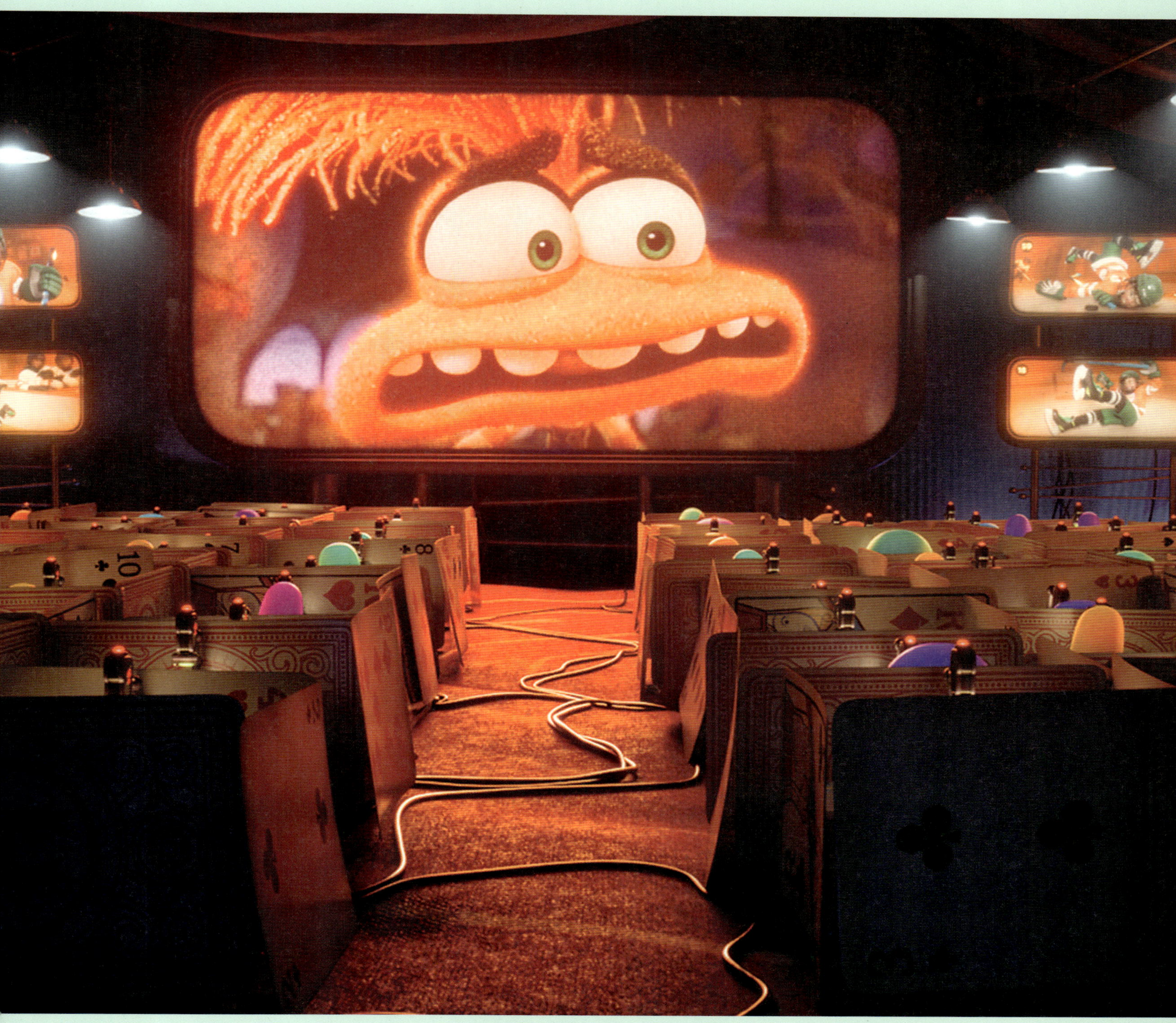

"'새로운 라일리 작전' 시작."
Let operation new Riley begin.

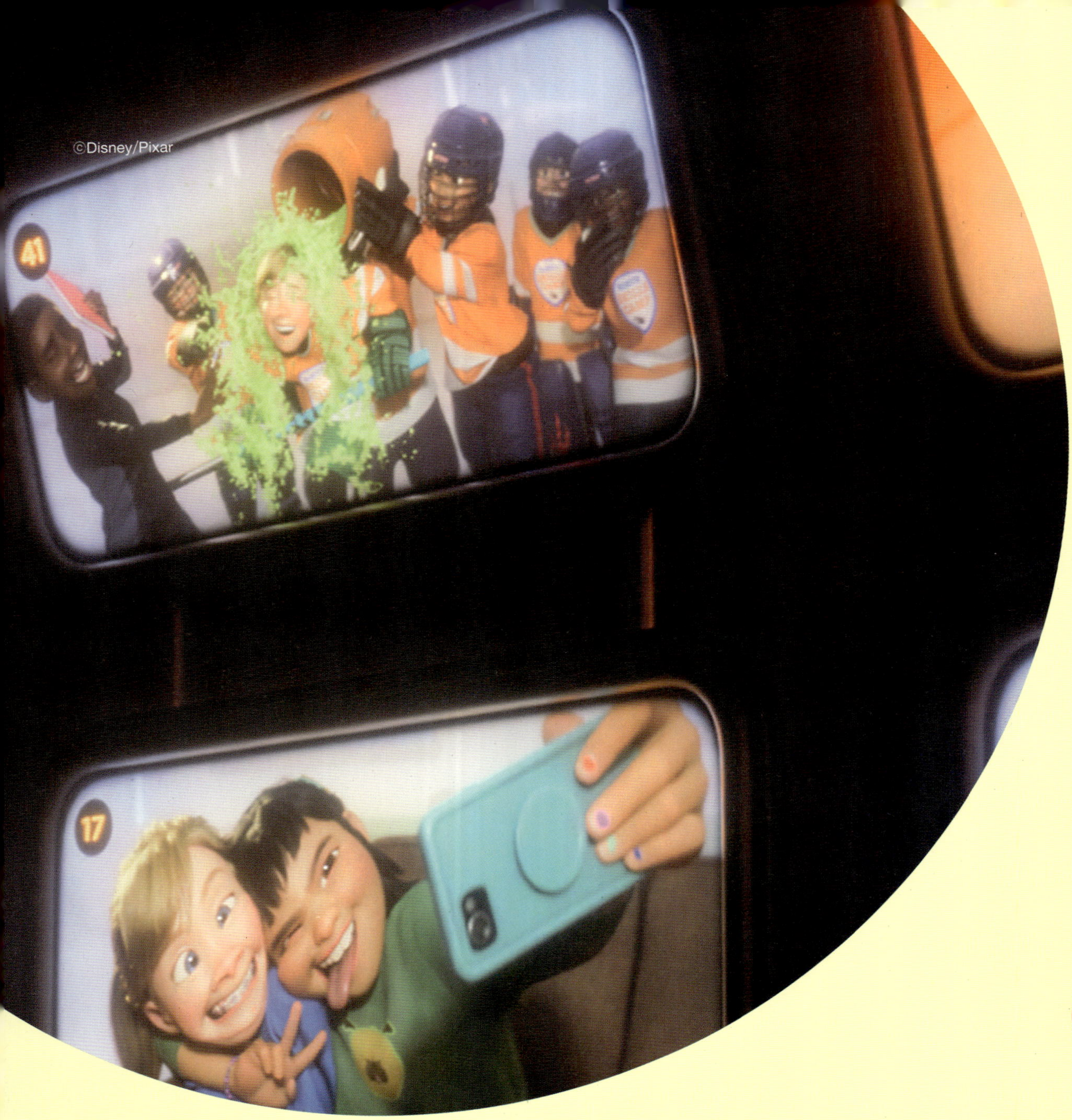

Inside Outro

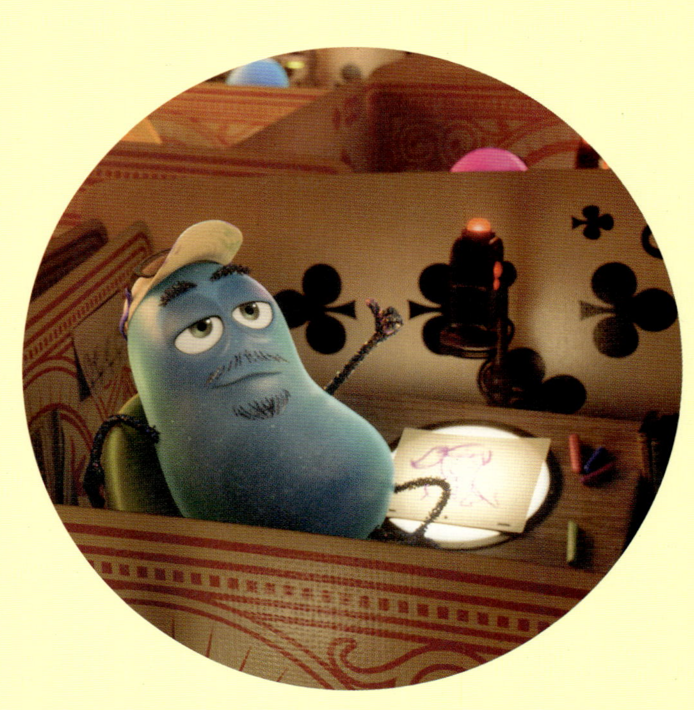

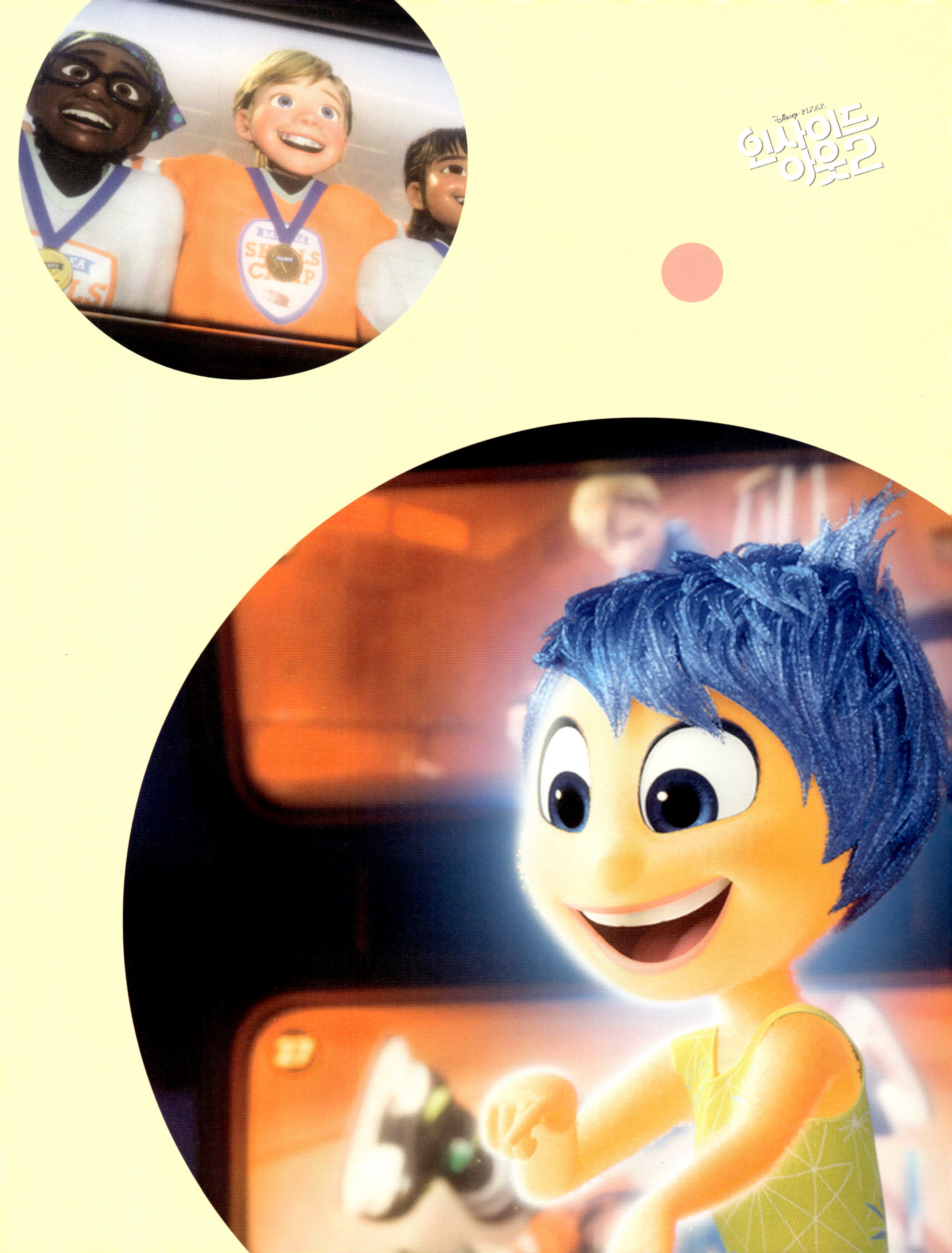

Disney · PIXAR
인사이드
아웃 2

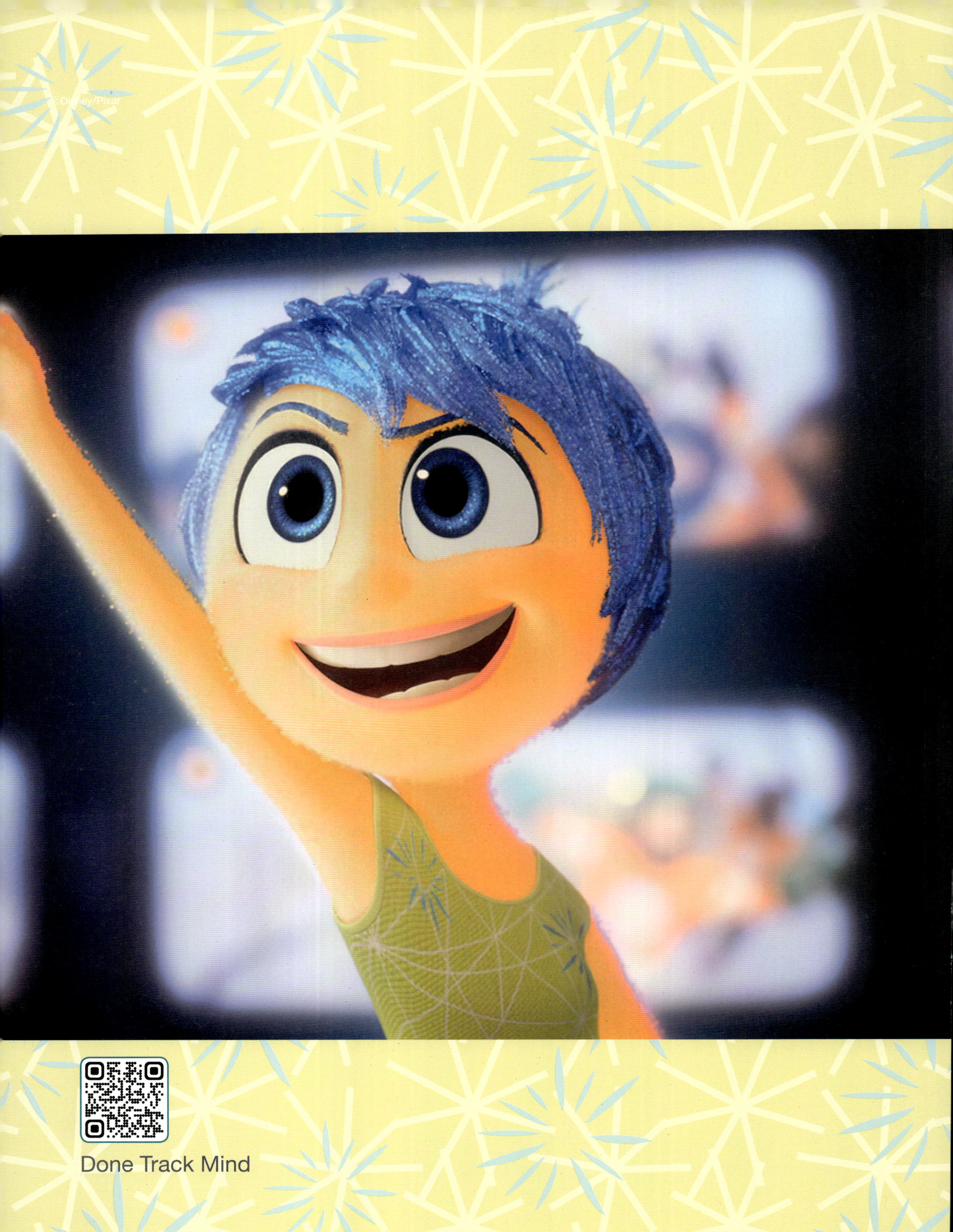

Done Track Mind

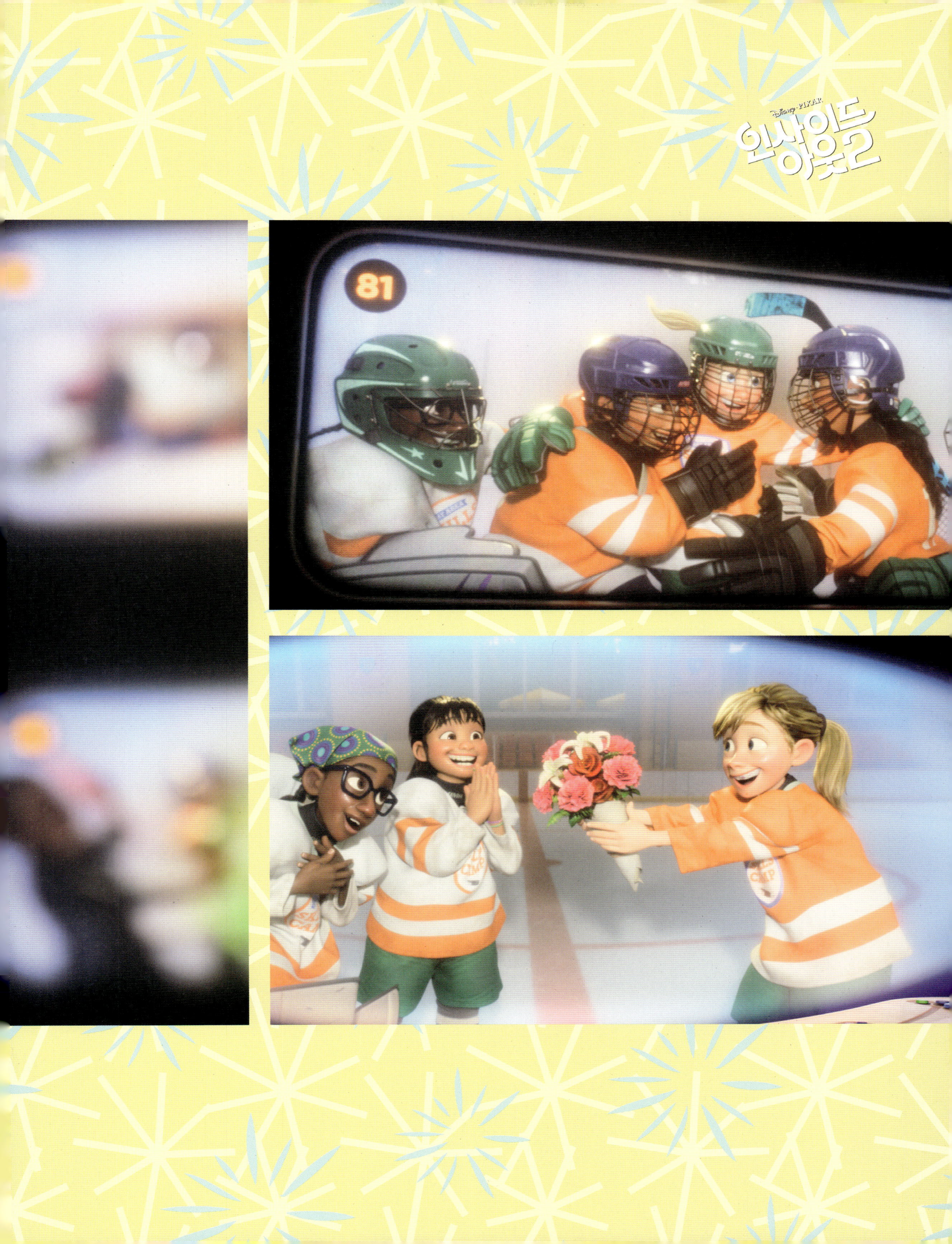

라일리가 어떤 사람인지 우리가 결정할 수 없어.

어떤 사람인지가 중요한 게 아니고, 어떤 사람이 되어야 하는지가 중요해.

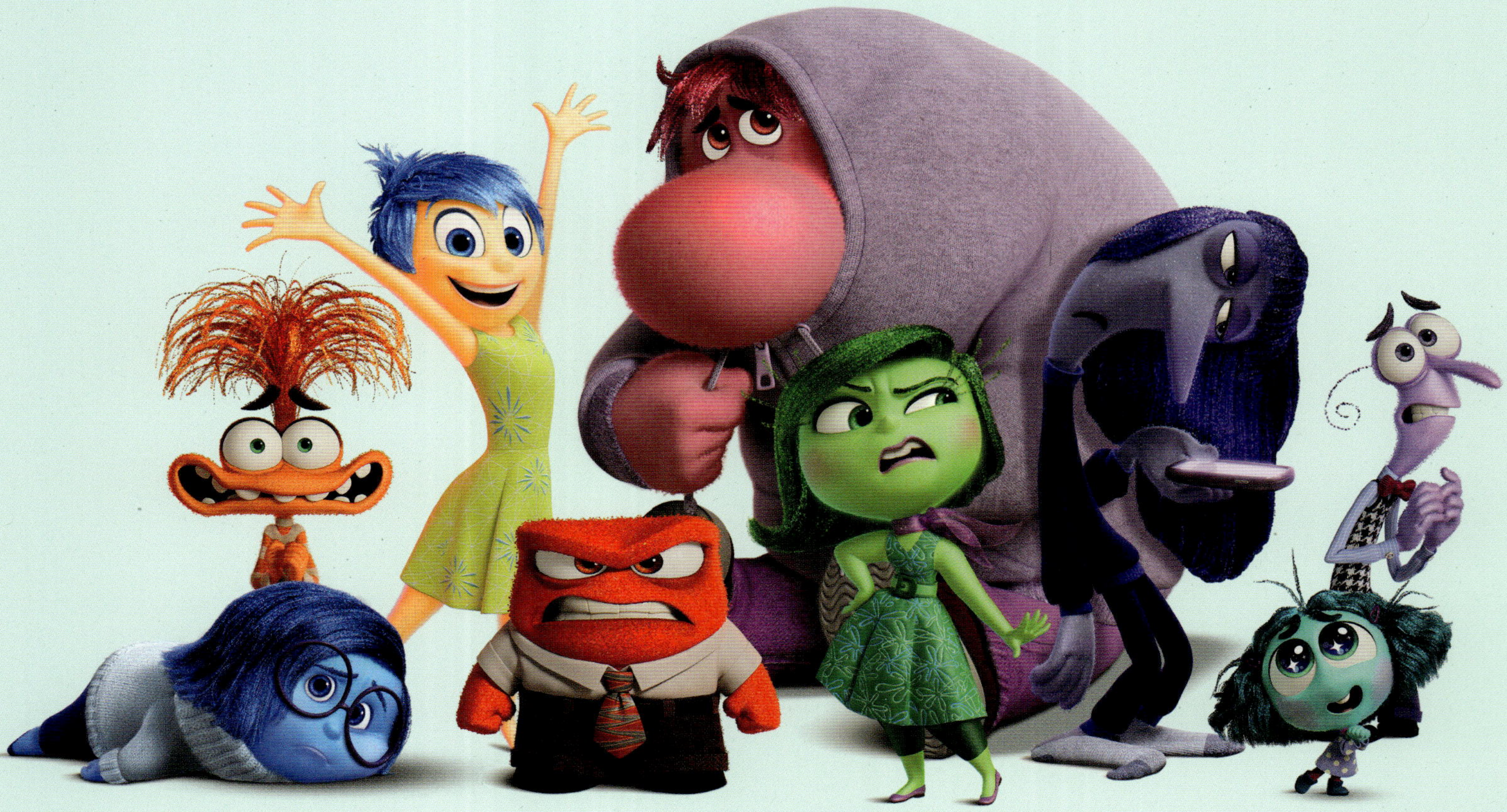

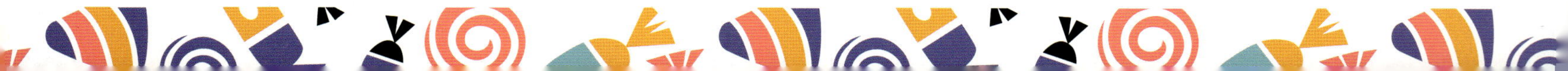

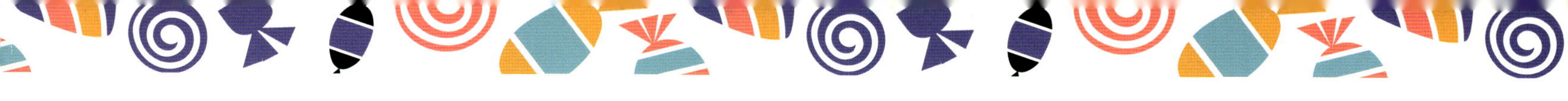

piano score

Bundle of Joy

Michael Giacchino 작곡

Outside Intro

Michael Giacchino, Andrea Datzman 작곡

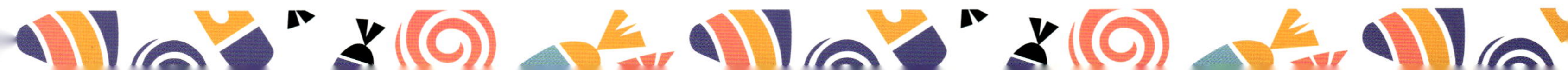

Bundle of Joy

Michael Giacchino 작곡

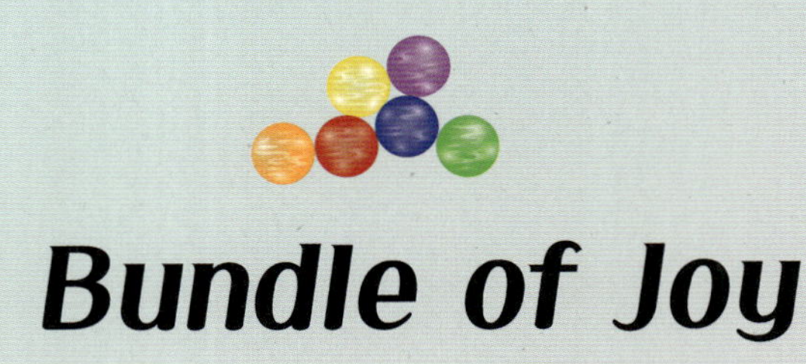

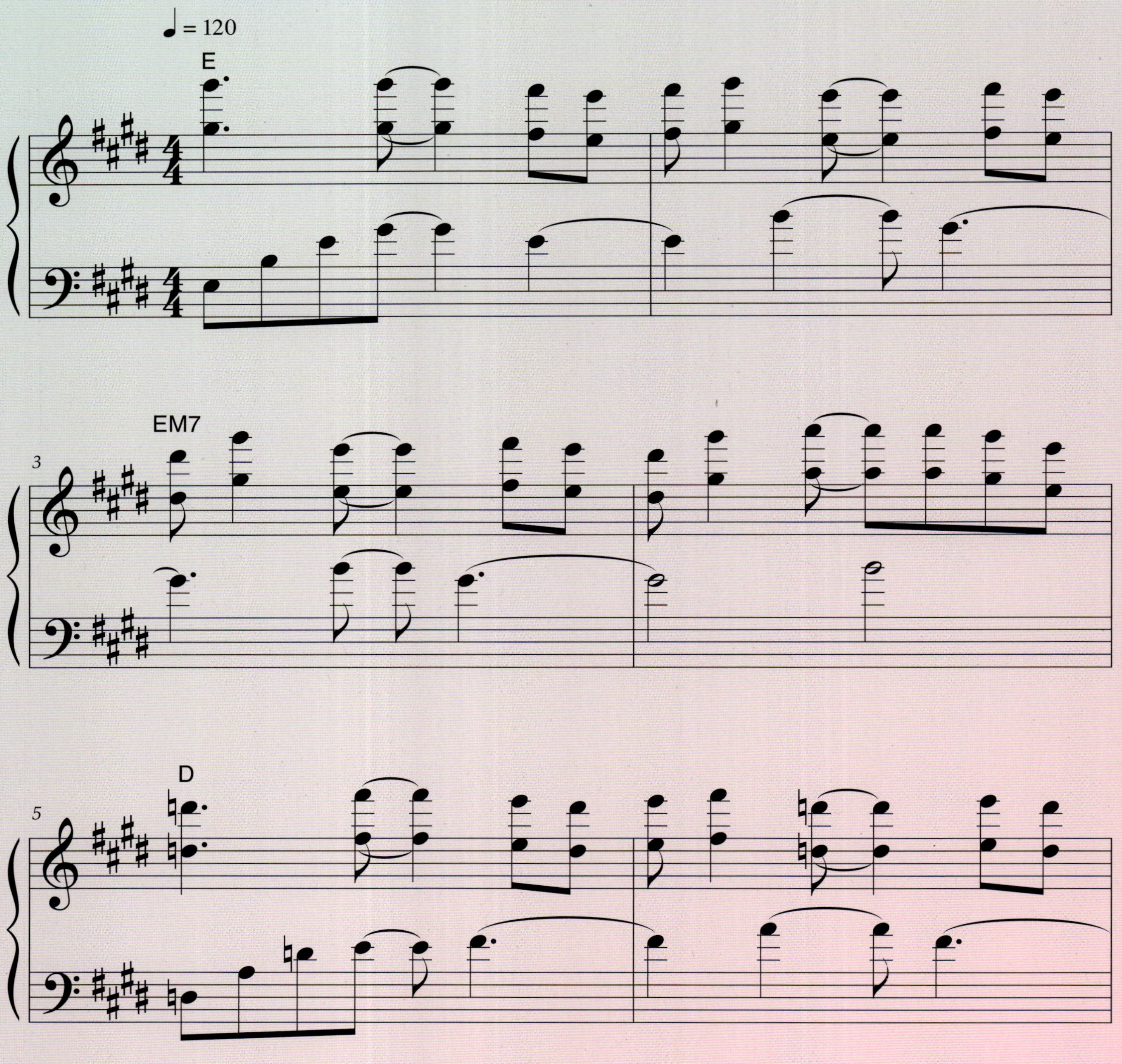

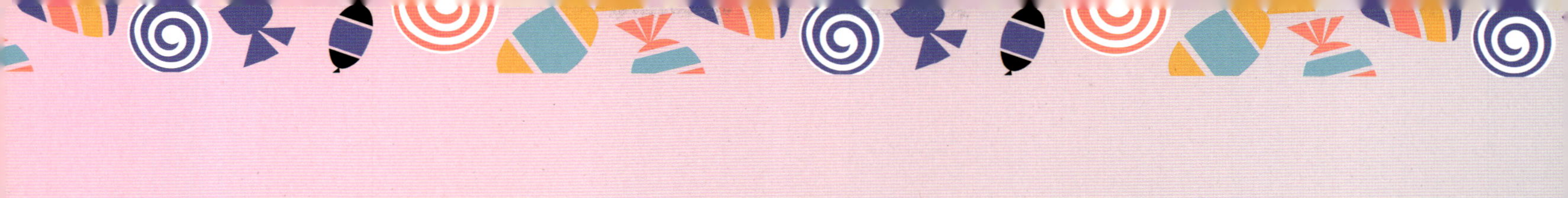
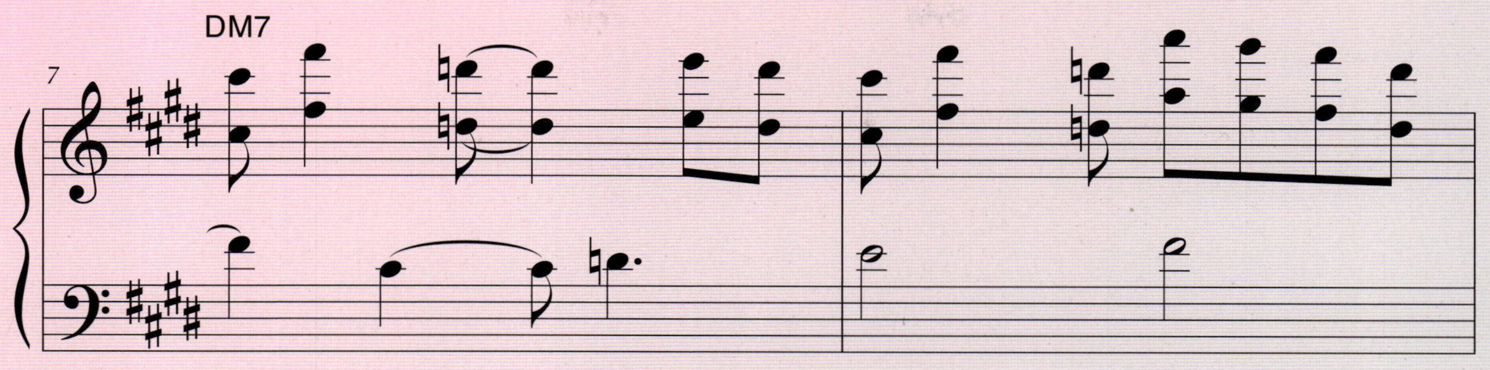
DM7
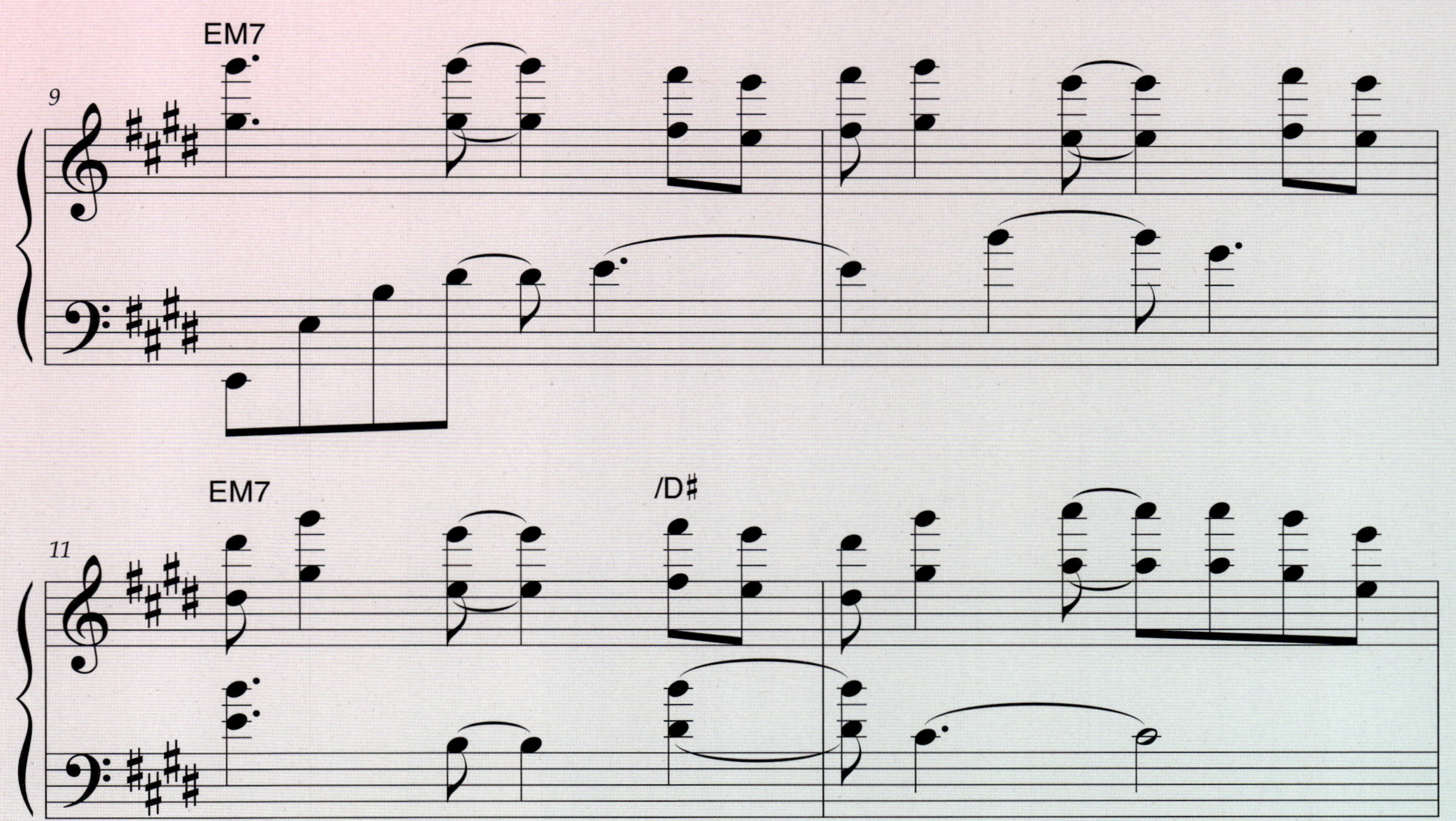
EM7
EM7
/D#
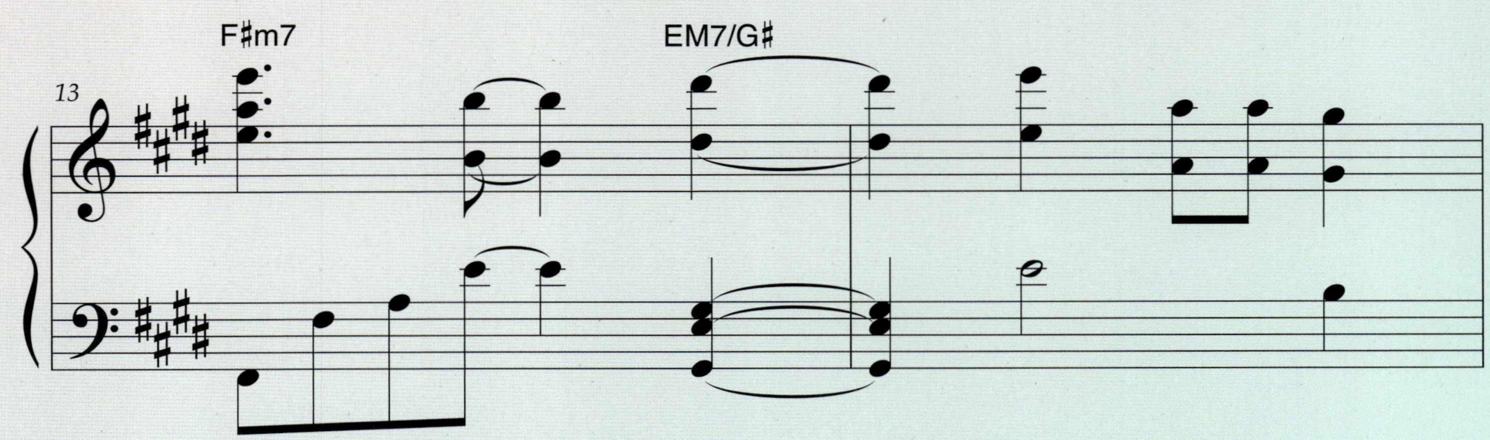
F#m7
EM7/G#

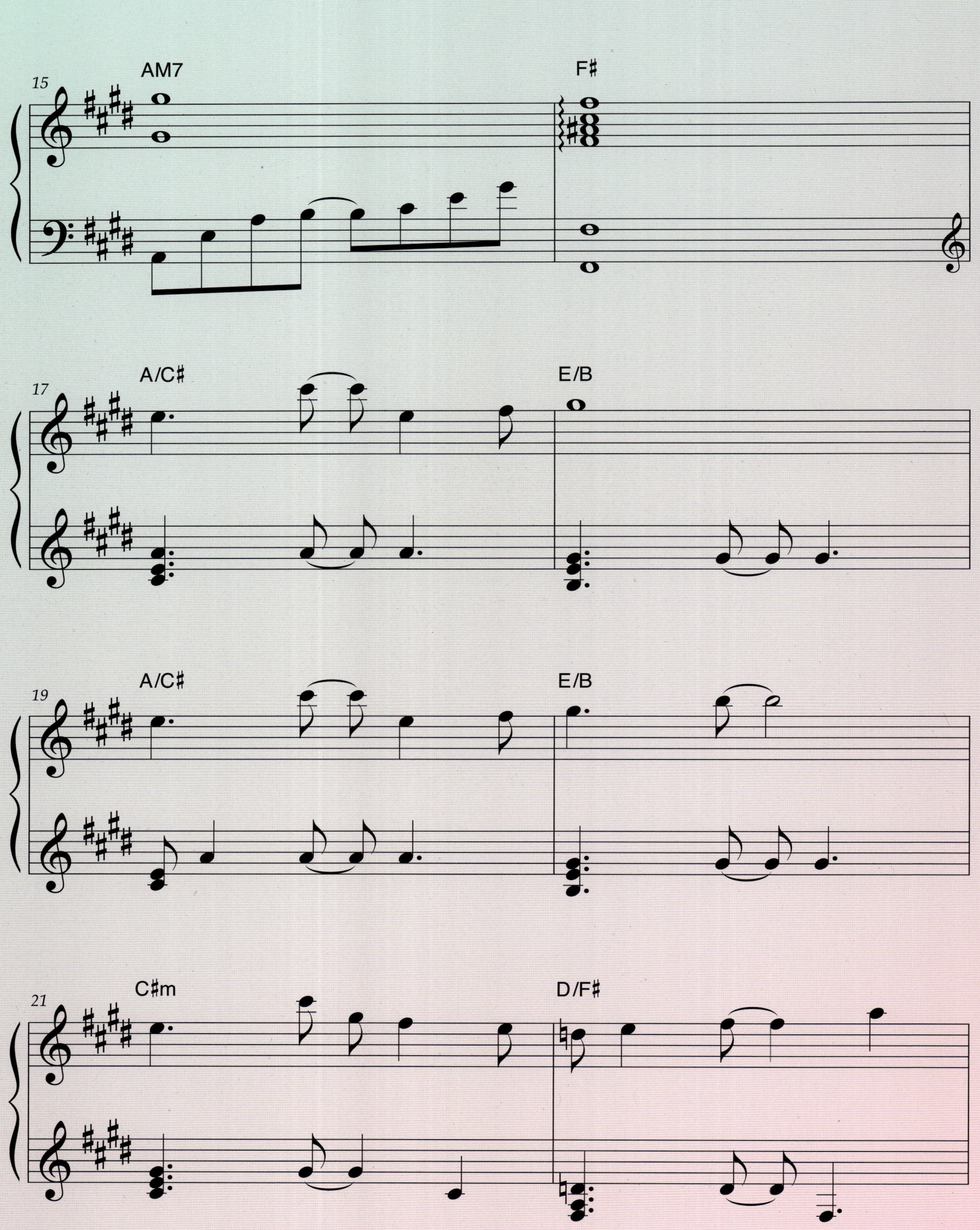

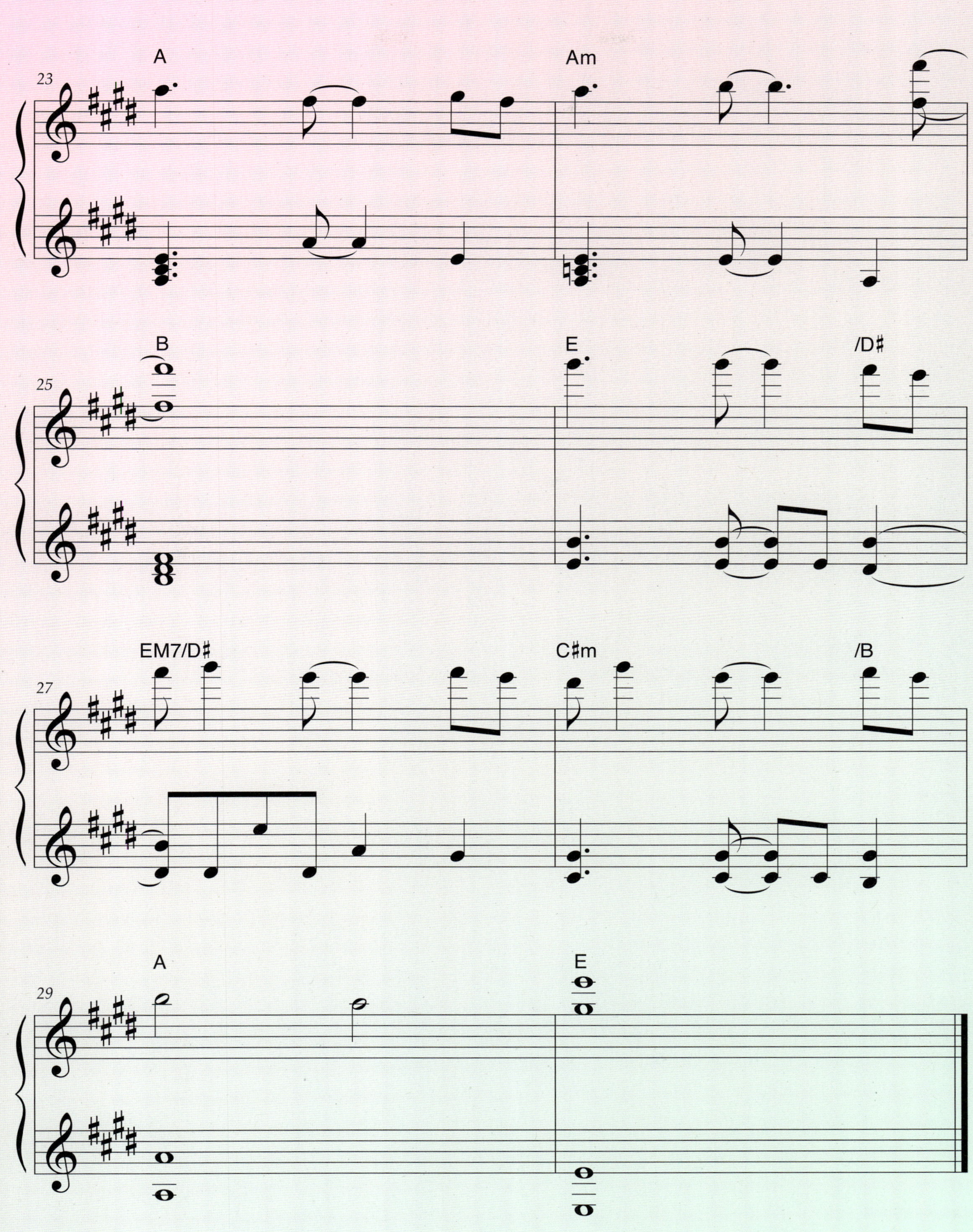
A
Am
B
E
/D#
EM7/D#
C#m
/B
A
E
23
25
27
29

Outside Intro

Michael Giacchino, Andrea Datzman 작곡

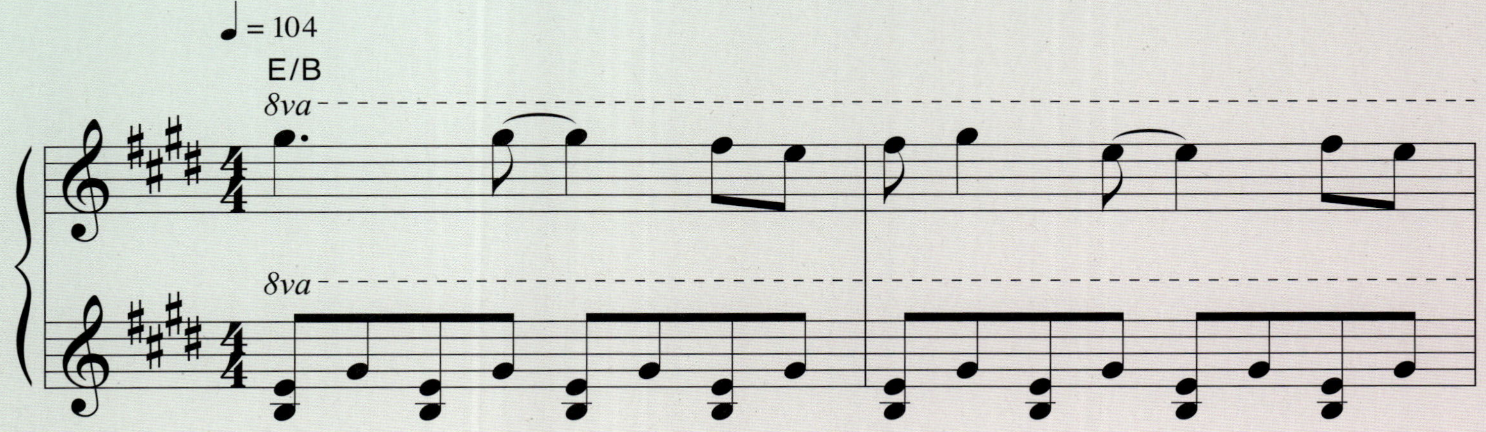

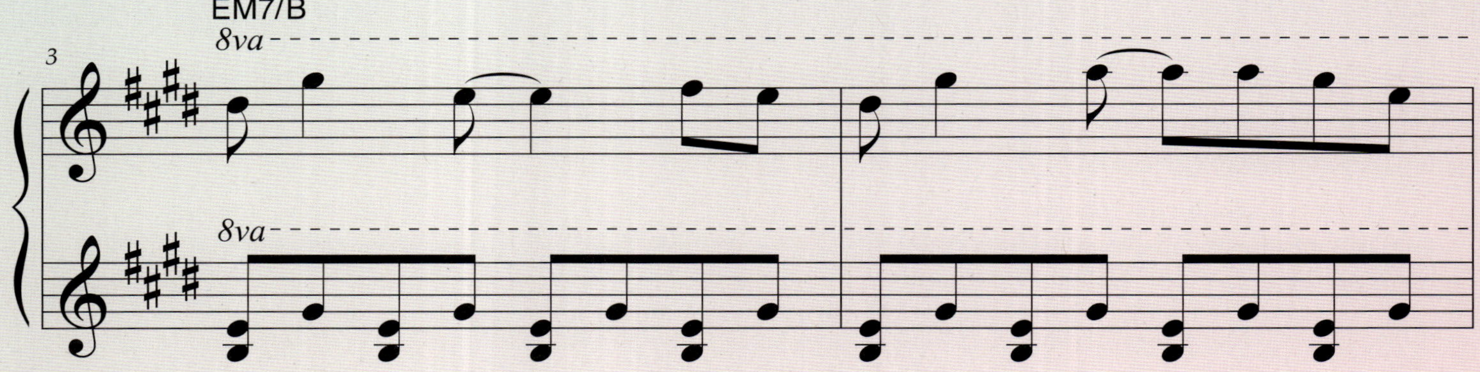

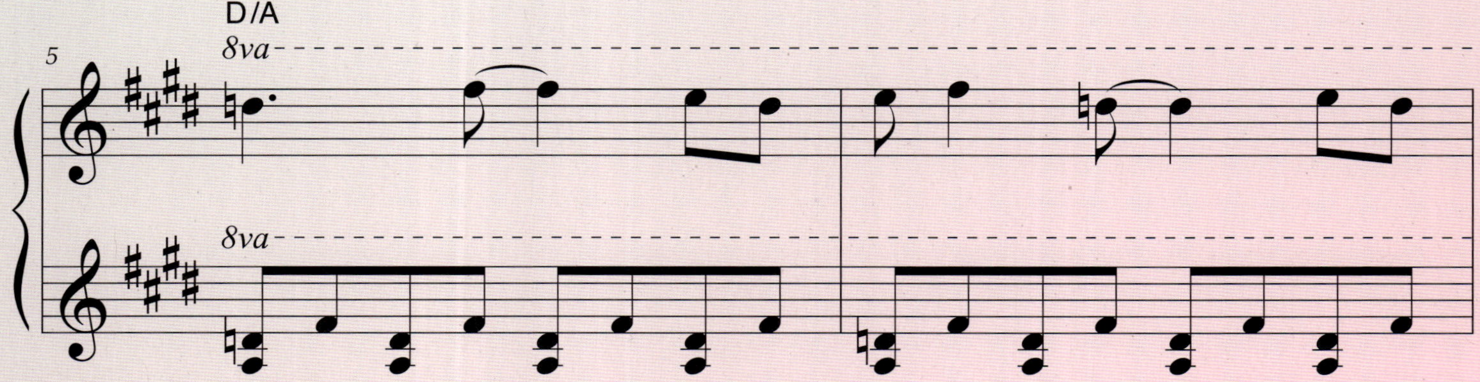

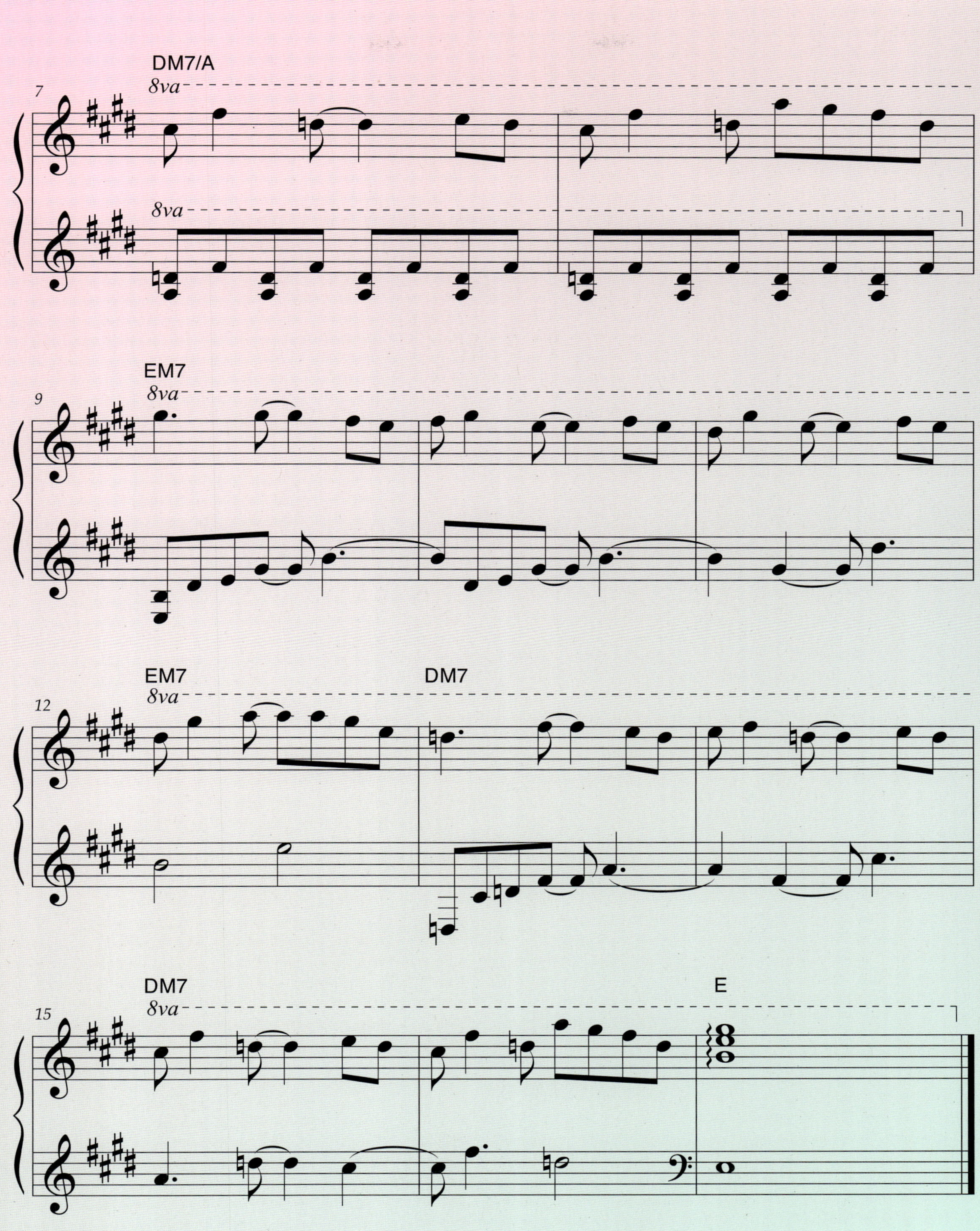

DM7/A
8va
8va
EM7
8va
EM7
DM7
8va
DM7
E
8va
7
9
12
15

이 영화를 우리 아이들에게 바칩니다.
'우린 너희를 있는 그대로 사랑해.'

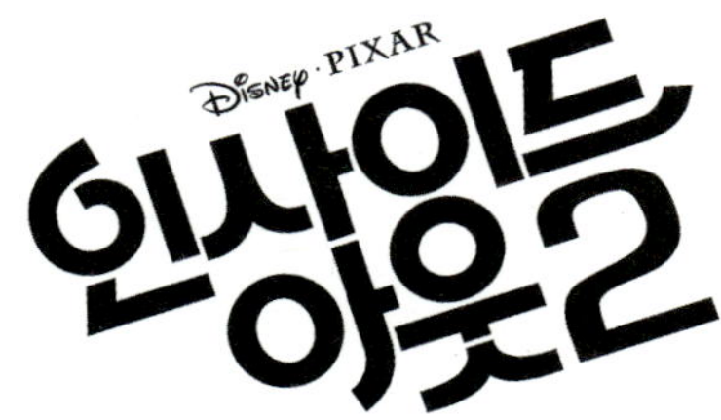

발행인 김두영
전무 김정열
편집 콘텐츠기획개발부
디자인 지혜란, 김세연
제작 유정근
전략기획 윤순호, 권지현, 정유진, 이두리, 신찬, 한재현
편곡 이가은(피치피아노)

발 행 일 2024년 7월 5일
발 행 처 삼호ETM (http://www.samhomusic.com)
　　　　　경기도 파주시 문발로 175
　　　　　전략기획개발부　　　전화 1577-3588　　　팩스 (031) 955-3599
　　　　　콘텐츠기획개발부 전화 (031) 955-3589　팩스 (031) 955-3598
등　　록 2009년 2월 12일 제 321-2009-00027호

ISBN　　978-89-6721-541-5

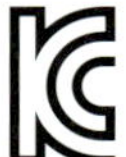

제 품 명 : 도서	주　　소 : 경기도 파주시 문발로 175	
제조사명 : 삼호ETM	문의전화 : 1577-3588	
제조국명 : 대한민국	제조년월 : 판권 별도 표기	
사용연령 : 3세 이상	KC마크는 이 제품이 공통안전기준에 적합하였음을 의미합니다.	

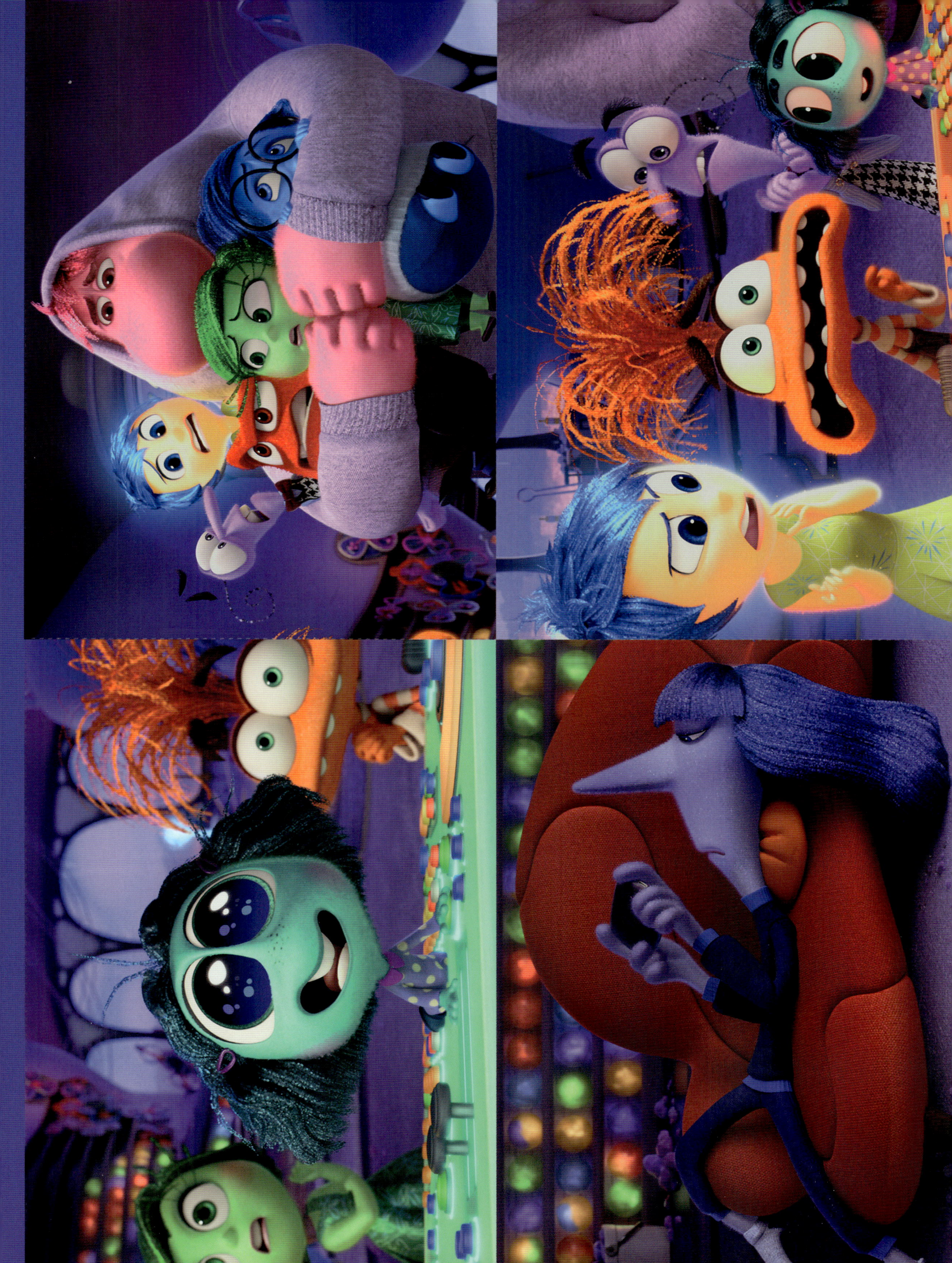

지금 어떤 사람인지는 중요하지 않아.
어떤 사람이 되어야 하는지가 중요해.

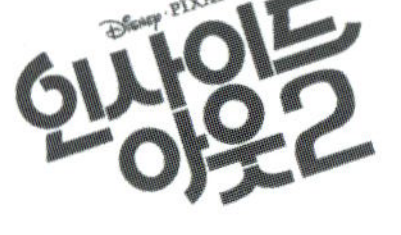

인사이드 아웃2

네가 옳아.
라일리가 어떤 사람인지 우리가 정할 순 없어.

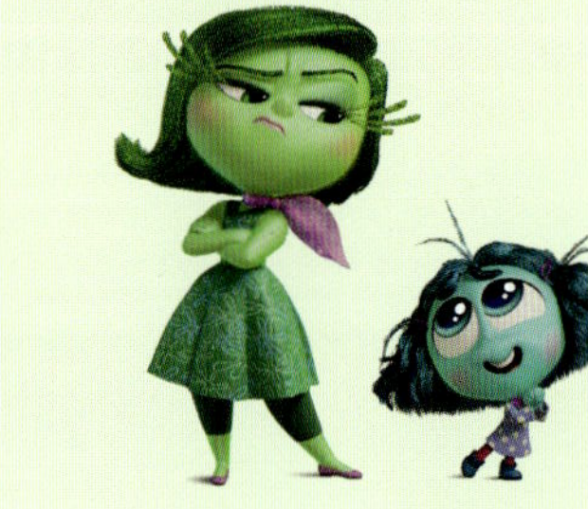

인사이드 아웃2

우리는 라일리의 모든 것을 사랑하죠.
엉망이지만 아름다운 라일리의 모든 면을.

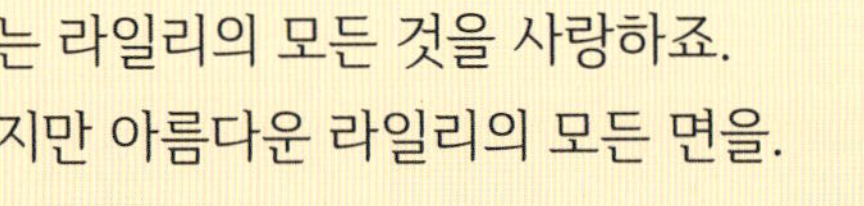

인사이드 아웃2

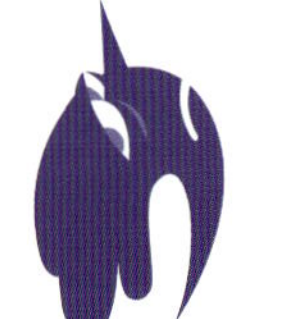

우리가 함께 있잖아.

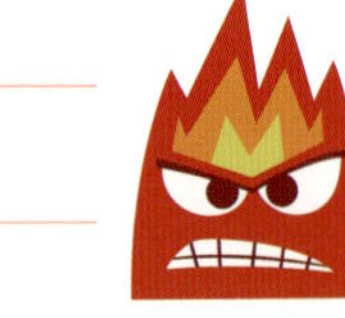

인사이드 아웃2

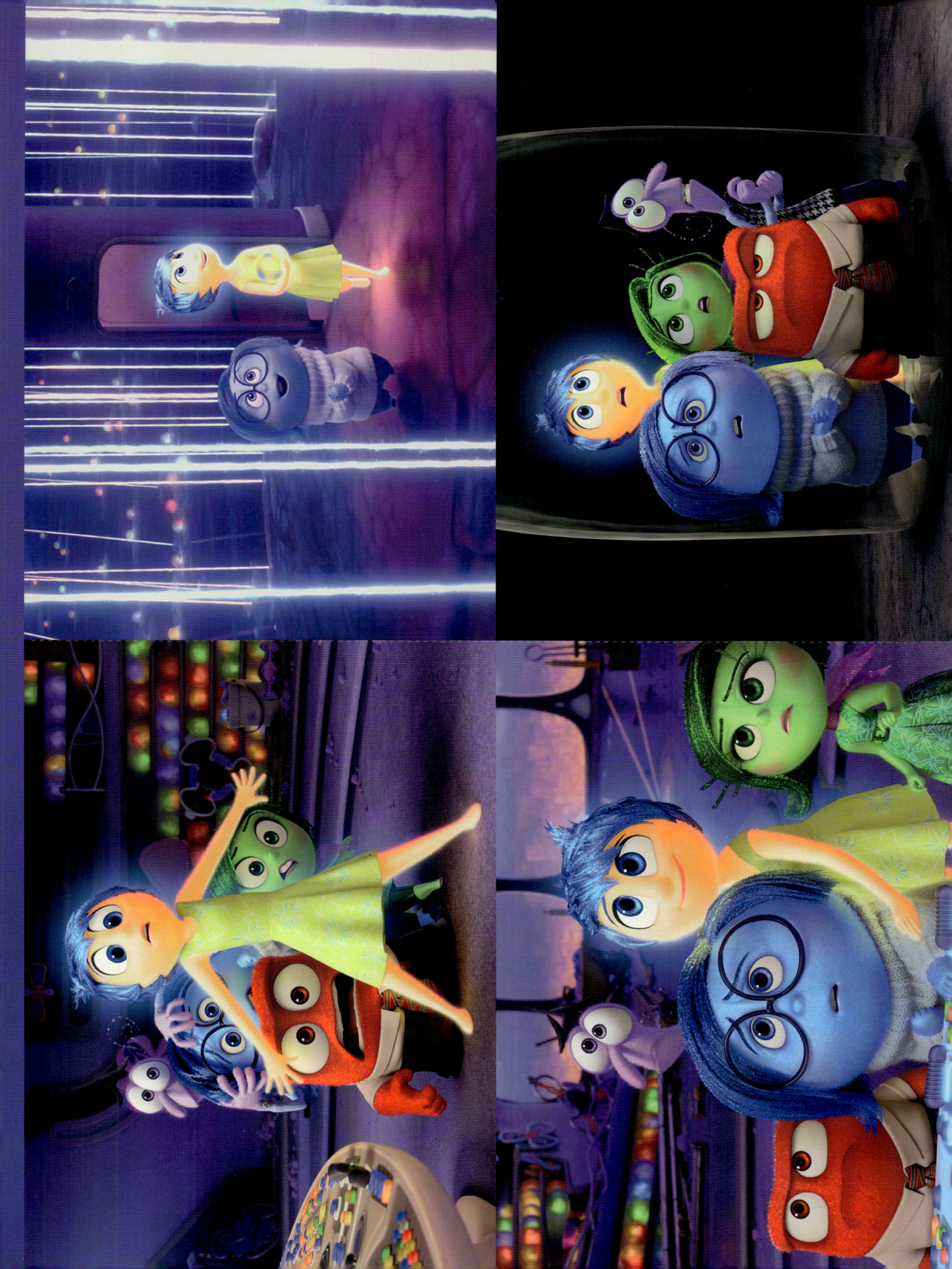

오래된 건 버리고, 새걸 받아들여야지!

인사이드 아웃2

어른이 된다는 게 이런 건가 봐.
기쁨이 줄어드는 거.

인사이드 아웃2

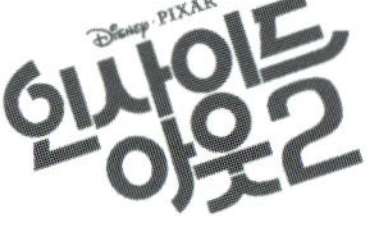

기쁨이 가는 곳에 슬픔도 가야지.

인사이드 아웃2

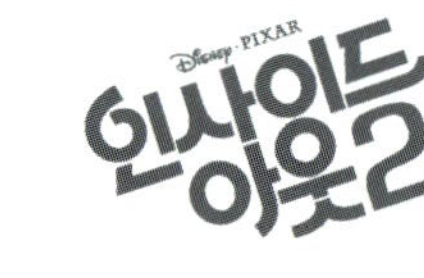

우린 너희를 있는 그대로 사랑해.

인사이드 아웃2

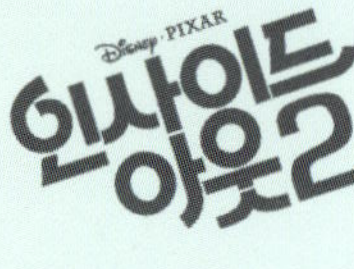

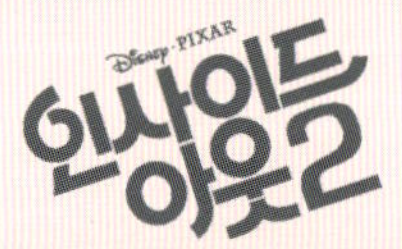

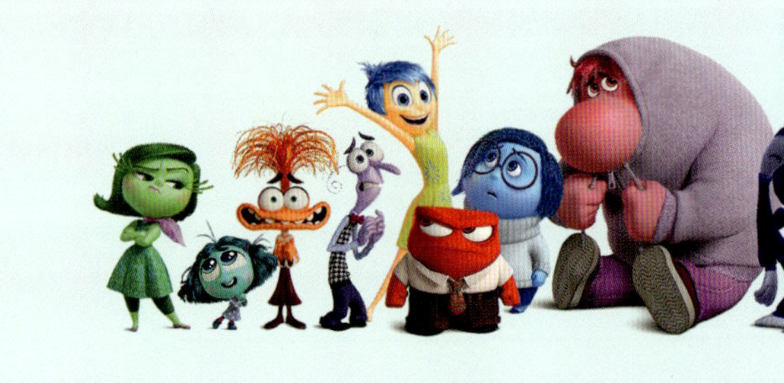

인사이드 아웃2
YEAAAH, NO
YAY
AWKWARD
OMG
©Disney/Pixar